Lutz Holzinger

Gesellschaftliche Arbeit und private Hauswirtschaft

Theorie und Kritik des Reproduktionsbereichs

Werner Raith Verlag Starnberg

Doris Leupold, April 77

Reihe Gesellschaft und Erziehung
herausgegeben von Werner Raith

ISBN 3—921121—60—4

Herstellung: Druckerei Fischer, Weilheim i. OB
Thomas Buchbinderei, Augsburg
Printed in Germany 1974

INHALT

Weitere Veröffentlichungen im RAITH-VERLAG aus dem Themenbereich dieser Arbeit:

Lutz Holzinger: DER PRODUZIERTE MANGEL, Warenästhetik und kapitalistisches Krisenmanagement. 180 Seiten, Pb., DM 9,80
ISBN 3—921121—43—4

pädAk (Berg, Höchstetter, Jander, Schorb): GRUPPE-KOLLEKTIV, Mittel zur Unterdrückung — Möglichkeit der Befreiung — Konzeption und Versuche. 320 Seiten, Pb., DM 16,80
ISBN 3—921121—36—1

Gottfried Mergner: ARBEITERBEWEGUNG UND INTELLIGENZ. 240 Seiten, Pb., DM 14,80
ISBN 3—921121—41—8

Paul Gabele: ZUR THEORIE DES BUNDESDEUTSCHEN BEWUSSTSEINS, I, Ändern ohne zu verändern. 280 Seiten, Pb., DM 14,80
ISBN 3—921121—51—5

Jochen Link: THEORIE DER GESELLSCHAFT, Kritische und historische Einführung. 256 Seiten, Pb., DM 14,80
ISBN 3—921121—53—1

POLITISCHES LESEBUCH für Arbeiter, Schüler, Lehrlinge, Sozialarbeiter, Gewerkschafter und progressive Lehrer. 480 Seiten, Pb., DM 11,80
ISBN 3—921121—56—6

EINLEITUNG

Das Proletariat als Klasse an sich und als Klasse für sich

Thema dieser Arbeit ist die Reproduktion der Menschen. Genauer geht es um den Versuch, die Reproduktionssphäre als die Produktionsstätte falschen Bewußtseins zu verorten. Dieser Ansatz mag auf den ersten Blick gesicherten marxistischen Denkansätzen widersprechen. Die Reproduktion der Arbeitskraft wird in der Literatur bloß als ein Reflex, eine Sekundärfunktion der Arbeitssituation betrachtet. Deshalb ist es unerläßlich, die Berechtigung zu einer differenzierten theoretischen Analyse der Reproduktionssphäre und ihrer Einwirkung auf das Bewußtsein der Arbeiterklasse aus der Diskussion um das Klassenbewußtsein abzuleiten.

In seiner Erkenntnistheorie geht Marx davon aus, daß das gesellschaftliche Sein der Menschen ihr Bewußtsein bestimmt und nicht umgekehrt. „Ganz im Gegensatz zur deutschen Philosophie, welche vom Himmel auf die Erde herabsteigt, wird hier von der Erde zum Himmel gestiegen. D. h., es wird nicht ausgegangen von dem, was die Menschen sagen, sich einbilden, sich vorstellen, auch nicht von den gesagten, gedachten, eingebildeten, vorgestellten Menschen, um davon aus bei den leibhaftigen Menschen anzukommen; es wird von den wirklich tätigen Menschen ausgegangen und aus ihrem wirklichen Lebensprozeß auch die Entwicklung der ideologischen Reflexe und Echos dieses Lebensprozesses dargestellt. Auch die Nebelbildungen im Gehirn der Menschen sind notwendige Sublimate ihres materiellen, empirisch konstatierbaren und an materielle Voraussetzungen geknüpften Lebensprozesses. Die Moral, Religion, Metaphysik und sonstige Ideologie und die ihnen entsprechenden Bewußtseinsformen behalten hiermit nicht länger den Schein der Selbständigkeit. Sie haben keine Geschichte, sie haben keine Entwicklung, sondern die ihre materielle Produktion und ihren materiellen Verkehr entwickelnden Menschen ändern mit dieser ihrer Wirklichkeit auch ihr Denken und die Produkte ihres Denkens. Nicht das Bewußtsein bestimmt das Leben, sondern das Leben bestimmt das Bewußtsein. In der ersten Betrachtungsweise geht man von dem Bewußtsein als dem lebendigen Individuum aus, in der zweiten, dem wirklichen Leben entsprechenden, von den wirklichen lebendigen Individuen selbst und betrachtet das Bewußtsein nur als *ihr* Bewußtsein."[1]

Die Bestimmung des Lebens als gesellschaftliches Sein und des Bewußtseins als gesellschaftliches Bewußtsein setzt die Herauslösung der Menschen aus dem naturwüchsigen Lebenszusammenhang vorkapitalistischer Gesellschaftsformationen voraus. Frank Deppe stellt dazu fest: „Entwicklung der Produktivkräfte ist demzufolge eine notwendige Voraussetzung des gesellschaftlichen Bewußtseins, denn erst auf der Grundlage entfalteter Arbeitsteilung, des Tausches und der Warenproduktion entstehen überhaupt zwischenmenschliche Verkehrs- und Kommunikationsformen, die durch die gegenseitige Abhängigkeit von den Produkten gesellschaftlicher Arbeit — und nicht mehr durch die individuelle Abhängigkeit von der Natur — zusammengehalten werden. Die bürgerlich-kapitalistische Gesellschaft ist die erste Gesellschaftsformation, die die Menschen durch die revolutionierende Entfaltung der Produktivkräfte endgültig aus ihren naturwüchsigen Beziehungen herauslöst und die Vergesellschaftung — Arbeitsteilung, Tausch und Warenproduktion — universalisiert."[2]

Der gesellschaftliche Charakter von Sein und Bewußtsein der Menschen wird somit von der Entfaltung der Produktivkräfte bestimmt. Ihre konkrete Lebenssituation und damit auch ihr Bewußtsein hat hingegen in den Produktionsverhältnissen ihren inhaltlichen Bezugspunkt. Diese sind in der bürgerlich-kapitalistischen Gesellschaft im Privateigentum an den Produktionsmitteln, im Klassengegensatz von Kapital und Lohnarbeit verankert. „Die ökonomischen Verhältnisse haben zuerst die Masse der Bevölkerung in Arbeiter verwandelt. Die Herrschaft des Kapitals hat für diese Masse eine gemeinsame Situation, gemeinsame Interessen geschaffen. So ist diese Masse bereits eine Klasse gegenüber dem Kapital, aber noch nicht für sich selbst. In dem Kampf, den wir in einigen Phasen gekennzeichnet haben, findet sich diese Masse zusammen, konstituiert sich als Klasse für sich selbst.«[3]

Es ist das zentrale Problem der marxistischen Revolutionstheorie, wie sich das Proletariat seine objektive konkrete Klassenlage, sein historisches gesellschaftliches Sein subjektiv bewußt machen, wie es als Klasse an sich zum ihm adäquaten Bewußtsein als Klasse für sich kommen kann. Marx unterstreicht im oben angeführten Zitat, daß es sich dabei um keinen voluntaristischen Akt handelt; er betont vielmehr den Prozeßcharakter einer solchen Entwicklung, welche im Kampf der Proletariats um seine Klasseninteressen gegen das Kapital seinen Animator hat. Diese Entwicklung aber geht widersprüchlich vor sich. Einerseits bemächtigt sich die in der Gesellschaft herrschende Ideologie, welche immer die der herrschenden Klasse ist, der Köpfe aller Menschen; andererseits werden die Lohnarbeiter immer wieder mit ihrer Unterdrückung, Ausbeutung, Entfremdung konfrontiert. Das Klassenbewußtsein als bewußtes gesellschaftliches Sein umfaßt nach Frank Deppe drei grundsätzliche, primär historischen Lernprozessen geschuldete Faktoren: »Es handelt sich dabei um die Notwendigkeit der Solidarität, der Organisation und des Kampfes um die politische Macht.«[4] Klassenbewußtsein und Klassenorganisation erscheinen so mit der Entfaltung des Klassenkampfes dialektisch verbunden.

Wenn das Gesamt des gesellschaftlichen Seins tatsächlich von der herrschenden ökonomischen Gesellschaftsformation umschrieben wird und daher an den objektiven Klassen- und Produktionsverhältnissen festgemacht werden darf, sind die Rückschläge der revolutionären Arbeiterbewegung nicht einzusehen, die sie bisher wiederholt in den hochentwickelten Industriestaaten erlitten hat. In diesem Fall die Schuld bei der Verbürgerlichung der Arbeiter, dem Verrat der Gewerkschaften, dem Revisionismus der Sozialdemokratie oder wo auch immer zu suchen, heißt den Boden des Marxismus verlassen. Vielmehr gilt es, die materielle Grundlage für die Produktion falschen Bewußtseins ausfindig zu machen. Die Ideologie fällt nicht vom Himmel, sondern es sind die Menschen, welche mit »ihrer Wirklichkeit auch ihr Denken und die Produkte ihres Denkens« verändern.[5]

In »Was tun?« konstatiert Lenin: »Die Arbeiterklasse fühlt sich spontan zum Sozialismus hingezogen, aber die am weitesten verbreitete (und in den mannigfaltigsten Formen ständig wiederauferstehende) bürgerliche Ideologie drängt sich trotzdem spontan dem Arbeiter am meisten auf.«[6] Die Gefahr, welche die bürgerliche Ideologie für das Proletariat darstellt, erklärt Lenin im Kontext mit dem »Kindesalter« der russischen Arbeiterbewegung. Unter seiner Führung erreichte sie rasch ihr Mannesalter. Sind aber nicht auch die Arbeiterbewegungen zahlreicher westeuropäischer Länder den Kinderschuhen längst entwachsen?

Selbstverständlich kann das Ausbleiben der Revolution in den westeuropäischen Staaten nicht unabhängig von den konkreten historischen Bedingungen beurteilt werden. Gleichwohl darf es aber mit der Problematik der Entfaltung gesellschaftlichen — richtigen — Bewußtseins in Zusammenhang gebracht werden. Deppe nennt fünf Faktoren, die für die Behinderung dieser Entwicklung entscheidend sind:

»1. Die Entwicklung eines Gesellschaftsbewußtseins wird durch die Entwicklung der Produktivkräfte bestimmt.

2. Der gesellschaftliche Charakter des Produktionsprozesses wird durch den dinglichen und abstrakten Charakter der Tauschbeziehungen verschleiert.

3. Durch die Spezialisierung der Tätigkeiten im mechanisierten Arbeitsprozeß verliert der Arbeiter die Beziehung zur kooperativen betrieblichen und gesellschaftlichen Gesamtarbeit.

4. Die herrschenden Ideologien zielen auf die Verdrängung der produktiven Tätigkeit aus dem Bewußtsein der Produzenten, damit zugleich auf die Verschleierung der Klassenverhältnisse.

5. Insgesamt wird die Effizienz dieser Faktoren durch die Bildung und Ausbildung, durch die familiäre und schulische Erziehung des Arbeiters unterstützt.«[7]

An dieser Stelle steht man wieder vor dem Dilemma, daß der erkenntnistheoretische Ansatz des Marxismus für die revolutionäre Umwälzung der Gesellschaft von der bürgerlichen Ideologie über den Haufen geworfen wird. Will man diesem Teufelskreis entgehen, ist es offensichtlich notwendig, die Produktion falschen Bewußtseins zu verorten. Gelingt das, so muß der Begriff des gesellschaftlichen Seins ergänzt werden.

In den ökonomisch-philosophischen Manuskripten gibt Marx einen entscheidenden Hinweis: »Worin besteht nun die Entäußerung der Arbeit? Erstens, daß die Arbeit dem Arbeiter *äußerlich* ist, d. h. nicht zu seinem Wesen gehört, daß er sich daher in seiner Arbeit nicht bejaht, sondern verneint, nicht wohl, sondern unglücklich fühlt, keine freie physische und geistige Energie entwickelt, sondern seine Physis abkasteit und seinen Geist ruiniert. Der Arbeiter fühlt sich daher erst außer der Arbeit bei sich und in der Arbeit außer sich. Zu Hause ist er, wenn er nicht arbeitet, und wenn er arbeitet, ist er nicht zu Hause. Seine Arbeit ist daher nicht freiwillig, sondern gezwungen, *Zwangsarbeit.* Sie ist daher nicht Befriedigung eines Bedürfnisses, sondern sie ist nur ein *Mittel* um Bedürfnisse außer ihr zu befriedigen. Ihre Fremdheit tritt darin rein hervor, daß, sobald kein physischer oder sonstiger Zwang existiert, die Arbeit als eine Pest geflohen wird. Die äußerliche Arbeit, in welcher der Mensch sich entäußert, ist eine Arbeit der Selbstaufopferung, der Kasteiung. Endlich erscheint die Äußerlichkeit der Arbeit für den Arbeiter darin, daß sie nicht sein eigen, sondern eines anderen ist, daß sie ihm nicht gehört, daß er in ihr nicht sich selbst, sondern einem anderen angehört. Wie in der Religion die Selbsttätigkeit der menschlichen Phantasie, des menschlichen Hirns und des menschlichen Herzens unabhängig vom Individuum, d. h. als eine fremde, göttliche oder teuflische Tätigkeit, auf es wirkt, so ist die Tätigkeit des Arbeiters nicht seine Selbsttätigkeit. Sie gehört einem anderen an, sie ist der Verlust seiner selbst. Es kommt daher zum Resultat, daß der Mensch (der Arbeiter) nur mehr in seinen tierischen Funktionen, Essen, Trinken und Zeugen, höchstens noch Wohnung, Schmuck etc., sich als freitätig fühlt und in seinen menschlichen Funktionen nur mehr als Tier. Das Tierische wird das Menschliche und das Menschliche das Tierische.«[8]

Marx schlüsselt die Dialektik zwischen produktiver Tätigkeit der Lohnarbeiter und Reproduktion ihrer Arbeitskraft auf. Der Begriff des gesellschaftlichen Seins wird ausgeweitet, auf zwei Beine gestellt: die produktiven und reproduktiven Tätigkeiten der Menschen, ihre menschlichen und tierischen Funktionen. Wenn auch aus der Diktion hervorgeht, daß in einer menschlichen Gesellschaft die tierischen Funktionen quasi infrastrukturell gesättigt werden müßten, so gewinnt gerade dieser Aspekt in der kapitalistischen Gesellschaft überragende Eigenbedeutung. Indem das private Kapital die Warenproduktion nur noch als *Mittel* zum Ziel der Kapitalakkumulation betreibt, ist es bestrebt, den Menschen überhaupt auf seine *tierische* Seite zu verkürzen. Der Kapitalverwertungszusammenhang erfordert im herrschenden System fortgesetzte Ausdehnung, Aufsplitterung und Differenzierung der Warenproduktion und als Korrelat die Entfaltung und Erweiterung der materiellen Bedürfnisse, welche tierischen Funktionen des Menschen gerecht werden.

Aus dem Negativum der Entfremdung des Lohnarbeiters von seinem Arbeitsprodukt, von seiner Arbeit macht das Kapital eine Tugend: Es entläßt das Proletariat zur Befriedigung seiner Bedürfnisse in die Privatsphäre, wo zwar industrielle Verbrauchsgüter zur Anwendung kommen, aber aufgrund der privaten Hauswirtschaft als Produktionsweise der Reproduktion der gesellschaftliche Lebenszusammenhang, wie ihn für die Lohnarbeit die Produktionssphäre konstituiert, von einem naturwüchsigen überlagert wird.

»Gerade Marx hat auf das Attribut der ›Naturwüchsigkeit‹, das eigentlich vorkapitalistischen Gesellschaftsformen zugehört, zurückgegriffen, um die Eigenart der Herrschaftsbeziehungen im Kapitalismus, aber auch die objektiven Bedingungen der gesellschaftlichen Bewußtseinsbildung zu kennzeichnen. Damit meint er die Formen, in denen die Produktionsbeziehungen dem gesellschaftlichen Produzenten als Herrschaftsverhältnisse gegenübertreten.«[9] Es ist die These dieser Arbeit, daß die Entfaltung des Klassenbewußtseins wesentlich durch die Eigenart der Reproduktionssphäre im Kapitalismus behindert wird. Unter dem Aspekt der Reproduktion der Arbeitskraft erscheint sie als der Bereich, in dem der Mensch sein eigenes Leben lebt, »bei sich« ist. Gleichzeitig stellt sie aber auch eine Sphäre dar, die zwar zur Kapitalverwertung vorausgesetzt ist, jedoch nicht auf einem industriellen Niveau der Arbeitsorganisation steht, sondern auf urtümlichen Produktionsweisen fußt. Somit erscheint die Reproduktionssphäre der Menschen als Ort der materiellen Produktion falschen Bewußtseins. Dieses »private« Sein der Menschen verhindert, daß das gesellschaftliche Bewußtsein der Lohnarbeiter die Stufe ihres gesellschaftlichen Seins erreicht. Die Ausarbeitung und Analyse dieses Widerspruchs zwischen gesellschaftlicher und naturwüchsiger Bindung der Menschen verspricht Resultate, welche marxistische Politik und Strategie vorantreiben.

I

Trennung von Produktion und Reproduktion

Die Trennung von Produktion und Reproduktion, von Arbeit und »Freizeit« ist kein naturwüchsiges Verhältnis; vielmehr erscheint sie als ein Resultat »der sogenannten ursprünglichen Akkumulation« (Marx) und eine Voraussetzung der industriellen Revolution. »Man muß sich ... vor Augen halten, daß ›Zeit‹ in früheren Kulturen nicht die heutige Rolle gespielt hat und der Arbeit ... nicht ein eigener, separater Lebensbereich gegenüberstand, wie es heute die Regel ist.«[10]
Das Auseinanderreißen von Produktion und Reproduktion erfolgte nicht zufällig, sondern steht in engem Zusammenhang mit der Errichtung kapitalistischer Produktionsverhältnisse. Marx unterscheidet strikt zwischen Privateigentum an Produktionsmitteln der Arbeiter und der Nichtarbeiter. »Das Privateigentum des Arbeiters an seinen Produktionsmitteln ist die Grundlage des Kleinbetriebs, der Kleinbetrieb eine notwendige Bedingung für die Entwicklung der gesellschaftlichen Produktion und der freien Individualität des Arbeiters selbst. ... Diese Produktionsweise unterstellt Zersplitterung des Bodens und der übrigen Produktionsmittel. Wie die Konzentration der letzteren, so schließt sie auch die Kooperation, Teilung der Arbeit innerhalb derselben Produktionsprozesse, gesellschaftliche Beherrschung und Regelung der Natur, freie Entwicklung der gesellschaftlichen Produktivkräfte aus. ... Sie muß vernichtet werden, sie wird vernichtet. Ihre Vernichtung, die Verwandlung der individuellen und zersplitterten Produktionsmittel in gesellschaftlich konzentrierte, daher des zwerghaften Eigentums vieler in das massenhafte Eigentum weniger, daher die Expropriation der großen Volksmasse von Grund und Boden und Lebensmitteln und Arbeitsinstrumenten, diese furchtbare und schwierige Expropriation der Volksmasse bildet die Vorgeschichte des

Kapitals.«[11] Das Ergebnis dieses Prozesses faßt Marx folgendermaßen zusammen: »Das selbsterarbeitete, sozusagen auf Verwachsung des einzelnen, unabhängigen Arbeitsindividuums mit seinen Arbeitsbedingungen beruhende Privateigentum wird verdrängt durch das kapitalistische Privateigentum, welches auf Exploitation fremder, aber formell freier Arbeit beruht.«[12]
Der Umgestaltung des Produktionszusammenhanges tritt die Umgestaltung des Verwertungszusammenhanges als notwendiges Korrelat der kapitalistischen Produktionsverhältnisse zur Seite. Die »Expropriation der großen Volksmasse von Grund und Boden und Lebensmitteln und Arbeitsinstrumenten« ist nicht allein Voraussetzung für die »Exploitation fremder, aber formell freier Arbeit«, sondern auch Bedingung für die Vermarktung der Warenproduktion. »Die Expropriation und Verjagung eines Teils des Landvolks setzt mit den Arbeitern nicht nur ihre Lebensmittel und ihr Arbeitsmaterial für das industrielle Kapital frei, sie schafft den inneren Markt. In der Tat, die Ereignisse, die die Kleinbauern in Lohnarbeiter und ihre Lebens- und Arbeitsmittel in sachliche Elemente des Kapitals verwandeln, schaffen gleichzeitig diesem letzteren seinen inneren Markt. Früher erzeugte und bearbeitete die Bauernfamilie die Lebensmittel und Rohstoffe, die sie nachher größtenteils selbst verzehrte. Diese Rohstoffe und Lebensmittel sind jetzt Waren geworden; der Großpächter verkauft sie, in den Manufakturen findet er seinen Markt. Garn, Leinwand, grobe Wollzeuge, Dinge, deren Rohstoffe sich in jeder Bauernfamilie vorfanden und von ihr zum Selbstgebrauch versponnen oder verwebt wurden – verwandeln sich jetzt in Manufakturenartikel, deren Absatzmarkt gerade die Landdistrikte bilden. Die zahlreiche zerstreute Kundschaft, bisher bedingt durch eine Menge kleiner, für eigene Rechnung arbeitender Produzenten, konzentriert sich jetzt zu einem großen, vom industriellen Kapital versorgten Markt.«[13]
Von der Seite des Verwertungsprozesses aus betrachtet, ist die Trennung von Produktion und Reproduktion überhaupt vorausgesetzt für die volle Entfaltung der Warenwirtschaft, der Tauschabstraktion, des Warenfetischismus. Und die Ausbeu-

tung der nichtbesitzenden Arbeiter durch die besitzenden Nichtarbeiter ist nur auf dieser Grundlage möglich. »Die Ausbeutung (also die kapitalistischen Besitzverhältnisse — L. H.) verwandelt den lebensnotwendigen Zusammenhang von Produktion und Konsumtion in einen zwischen-menschlichen, also gesellschaftlichen Zusammenhang. Sie stellt den Zusammenhang von Produktion und Konsumtion im Wege einer Daseinsverflechtung der Menschen miteinander her. Diese von der Ausbeutung bewirkte Daseinsverflechtung der Menschen ist es, die ich die funktionale Vergesellschaftung nenne und von allen Formen naturwüchsiger Gemeinwesen unterscheide. Die funktionale ist die Negation der naturwüchsigen, zersetzt diese bis zur vollständigen Auflösung, so daß alsdann nur noch die funktionale Vergesellschaftung herrscht und die Form der Warenproduktion annimmt, die bis dahin einseitige Aneignung zur wechselseitigen Aneignung macht. Die Arbeit ist nunmehr ihres ursprünglichen, naturwüchsig gesellschaftlichen Charakters beraubt, und an seine Stelle tritt der Tauschzusammenhang der Arbeitsprodukte als Waren.«[14]

Die Herrschaft des Menschen über den Menschen beruht somit wesentlich auf der Lostrennung der Arbeiter von ihren Arbeits- und Lebensmitteln. Sie zwingt sie zur Lohnarbeit unter der Herrschaft des industriellen Kapitals, damit sie überhaupt ihre nackte Existenz fristen können. Der kapitalistische Produktions- und Verwertungszusammenhang setzt somit die Gegensätzlichkeit der produktiven und reproduktiven Tätigkeiten der Menschen voraus, ihre künstliche Trennung. Während aber für das Kapital Produktion und Verwertung logisch miteinander verbunden sind, besteht für den Lohnarbeiter ein scharfer Widerspruch zwischen seiner vergesellschafteten Produktion und der privaten Konsumtion zur Wiederherstellung seiner Arbeitskraft.

Die marxistische Theorie hat ihr Hauptinteresse in der — wie sie Sohn-Rethel nennt — »funktionalen Vergesellschaftung«. Sie wird einerseits als die notwendige Bedingung analysiert, welche der Arbeiterklasse als Klasse an sich zum Bewußtsein als

Klasse für sich verhilft; andererseits konstituiert sie Verdinglichung und Warenfetischismus, die den Menschen ihren wirklichen Lebenszusammenhang verschleiern. Auf dieses zweite Faktum weist Sohn-Rethel hin: » . . . in den Formen der total gewordenen Ausbeutung und funktionalen Vergesellschaftung wird die Beziehung der Aneignung auf die Produktion eine solche der vollständigen und undurchdringlichen Verdeckung der Wirklichkeit des materiellen Seins.«[15]

Beide Seiten gehen aus vom kapitalistischen Produktions- und Verwertungszusammenhang. In ihm verorten sie die Klassenlage der Lohnarbeiter, während die reproduktiven Tätigkeiten der Menschen unter den Tisch fallen. Tatsächlich beanspruchen die kapitalistischen Produktionsverhältnisse zwar in zweierlei Form den Menschen — als Arbeitskraft und als Konsument —, aber zwingen ihn nur beschränkt in die »funktionale Vergesellschaftung«. Von Ausbeutungsverhältnis und der Warenform unberührt bleibt die private Konsumtion, die den Tauschwert der Waren wieder in Gebrauchswerte der Reproduktion verwandelt: »Der Gebrauchswert verwirklicht sich nur im Gebrauch oder der Konsumtion.«[16] An anderer Stelle unterstreicht Marx, » . . . daß der Gebrauchswert der Dinge sich für den Menschen ohne Austausch realisiert, also im unmittelbaren Verhältnis zwischen Ding und Mensch, ihr Wert umgekehrt nur im Austausch, d. h. in einem gesellschaftlichen Prozeß.«[17] In der Privatsphäre, in der Familie, in der privaten Hauswirtschaft, wo der Gegenstand der privaten Konsumtion umschlägt vom Tausch- in den Gebrauchswert, scheinen daher die Menschen aus ihrem gesellschaftlichen Lebenszusammenhang in einen naturwüchsigen entlassen.

Das kapitalistische Regime baut also auf den Gegensatz von vergesellschafteter Produktion und privater Reproduktion; es spielt das gesellschaftliche Sein der Menschen gegen das Residuum ihres naturwüchsigen Seins aus. Die materielle und kulturelle Versorgung muß auf vorindustrieller Organisationsstufe verharren, damit das Kapital die »Produktion als Selbstzweck« (Marx) betreiben kann. Das ist die Bedingung dafür, » . . . daß das Kapital und seine Selbstverwertung als Ausgangspunkt und Endpunkt, als Motiv und Zweck der Produktion erscheint; daß die Produktion nur Produktion für das *Kapital* ist und nicht umgekehrt die Produktionsmittel bloße Mittel für eine stets sich erweiternde Gestaltung des Lebensprozesses für die *Gesellschaft* der Produzenten sind.«[18]

Wolfgang Littek formuliert: »In der scheinbaren Selbstverständlichkeit der Existenz industrieller Arbeitsorganisationen geht unter, daß nicht Produktion Zweck der gesellschaftlichen Arbeit ist, vielmehr Konsumtion, die Bedürfnisbefriedigung.«[19]

Tatsächlich ist erforderlich, Produktion und Reproduktion richtig miteinander zu verbinden. Die Bedingungen für die Umkehrung der negativen Dialektik dieser beiden Bereiche bleiben so lange unklar, als man nicht erkennt, daß der Vergesellschaftung der Produktion die Vergesellschaftung der Reproduktion, die Vergesellschaftung der materiellen und kulturellen Versorgung der Menschen zur Seite treten muß.

Was bedeutet denn volle Vergesellschaftung des Lebenszusammenhangs? — Die endgültige Aufhebung der Ausbeutungsverhältnisse, den Tod des Warenfetischismus, das Ende der Herrschaft des Menschen über den Menschen! Die Vergesellschaftung der Reproduktion ist somit die gesellschaftliche Form der Aneignung des gesamtgesellschaftlich produzierten Reichtums.

Dies kann aber nur Resultat der Entwicklung der (Welt-)Gesellschaft nach der sozialistischen Revolution zum Kommunismus sein. Wir müssen hingegen vorläufig mit dem Widerspruch zwischen gesellschaftlicher Produktion und privater Reproduktion leben, der den Grundwiderspruch von Lohnarbeit und Kapital begleitet. Gegenstand der Untersuchung ist im weiteren die Reproduktionssphäre der Menschen — sowohl in ihrer Abhängigkeit vom Produktionsprozeß, als auch als eigenständiger Bereich der Produktion der Reproduktion. Diese zweite Seite der Reproduktionssphäre ist von einer eigentümlichen Produktionsweise, einem ursprünglichen Produktionsprozeß gekennzeichnet. Sie erscheint einem naturwüchsigen Lebenszusammenhang verpflichtet, wo ein »unmittelbares Verhältnis von Ding und Mensch« vorherrscht, und tritt damit in Gegensatz zum gesellschaftlichen Sein der Menschen: Die Reproduktion ist Ort der materiellen Produktion falschen Bewußtseins.

II

Der objektive Zusammenhang zwischen Produktion und Reproduktion

1. Bedingungen für die Lohnarbeit

Für die Klasse der Lohnarbeiter wird der objektive Zusammenhang zwischen ihrer gesellschaftlichen Produktion und der Reproduktion ihrer Arbeitskraft, zwischen Arbeit und Nichtarbeit primär von ihrer Stellung im kapitalistischen Produktionsprozeß bestimmt: »Arbeitsinhalt, Arbeitslohn und Arbeitszeit stellen gleichsam die konkrete Vermittlung zwischen betrieblicher Arbeits- und außerbetrieblicher Nichtarbeitssphäre her. Als Indikatoren verdeutlichen sie, wie die ganze Existenz von der Bedingung der Lohnarbeit bestimmt wird, obgleich die Reproduktionsbedürfnisse ihrerseits — indem sie z. B. in die kollektiven Auseinandersetzungen um die Verbesserung der Lohn-, Zeit- und Arbeitsbedingungen eingehen — auf sie zurückwirken.«[20] Zur Kritik der bürgerlichen Freizeit- und Nivellierungsideologie ist gerade die Erkenntnis wesentlich, daß die zentralen Kriterien zur Bestimmung der Lage der Arbeiterklasse weiterwirken. Kern/Schumann stützen sich auf empirische Untersuchungen: »Dem Lohnarbeitsverhältnis kommt weiterhin zentrale Bedeutung zu für die Reproduktionsbedingungen der Arbeiter. Ihre Entfaltungsmöglichkeiten in der Sphäre außerhalb der Arbeit sind von der Lohnabhängigkeit ebenso geprägt wie die wesentlichen Elemente des Arbeits- und Betriebsverhältnisses. Die Beteiligung an Einkommen und Vermögen, die Chancen für Bildung, Gesundheit und Wohnen tragen trotz partieller Verbesserung den Stempel der Klassenlage und sind gekennzeichnet durch deutliche Unterprivilegierung.«[21] Eine Fülle von Daten, welche diese Aussagen belegen und sinnlich anschaulich machen, enthält der Forschungsbericht »Materialien zur Lebens- und Arbeitssituation der Industriearbeiter in der BRD«.[22]

Die Lebenssituation der zum Verkauf ihrer Arbeitskraft gezwungenen Menschen hängt wesentlich von ihren Einkommensverhältnissen ab. Im Jahre 1970 erreichten 60,2 Prozent der Arbeiterhaushalte ein Nettoeinkommen von maximal 1500 DM; 29,3 Prozent konnten nur mit weniger als 1000 DM im Monat rechnen; immerhin 11,1 Prozent mußten mit weniger als 700 DM Einkommen ihr Auskommen finden. Etwas besser sah die Situation für Angestellten- und Beamtenhaushalte aus: 60,1 Prozent verdienten bis zu 1750 DM. Diese Werte verstehen sich vor dem Hintergrund einer entschiedenen Einkommenszunahme in der Zeit zwischen 1950 und 1970. Das durchschnittliche Einkommen der Arbeiterhaushalte stieg in diesem Zeitraum von 331 DM auf nominal 1519 DM und real 986 DM an. Für Angestellten- und Beamtenhaushalte betrugen die entsprechenden Werte 424 DM beziehungsweise 1841 und 1173 DM. Das durchschnittliche Monatseinkommen machte im Jahre 1971 für Arbeiter 1278 DM und für Angestellte 1577 DM aus.

Diese Durchschnittszahlen berücksichtigen nicht die Schwankungen im Einkommen von Branche zu Branche, die starke Streuung, welche sich aufgrund der differenzierten Lohn- und Gehaltsstufen ergeben, und die eklatante Unterbewertung der Frauenarbeit. Im Jahre 1966 etwa erreichte das durchschnittliche Monatseinkommen der Arbeiter 867 DM, das der Angestellten 1046 DM. 92,4 Prozent der weiblichen Arbeiter verdienten jedoch unter dem Durchschnitt. Das Gleiche trifft auf 26,5 Prozent der männlichen Arbeiter zu. Und 21 Prozent erreichten nur knapp den Mittelwert. Ähnlich trist war die Lage für weibliche Arbeitskräfte auch im Angestelltensektor; hier blieben 86,3 Prozent unter dem Durchschnittsverdienst.

Insgesamt hat sich seit 1950 die Einkommenssituation der Lohnabhängigen entschieden verbessert. Ausdruck dessen ist das höhere Reproduktionsniveau, wie es aus der Statistik über die Ausgabenverteilung von »Arbeitnehmer«-Haushalten in der BRD hervorgeht: »So ist z. B. der Anteil der Ausgaben für Nahrungsmittel, der 1950 noch fast die Hälfte ausmachte, bis 1971 bis auf weniger als ein Drittel (28,6%) geschrumpft. Die Ausgaben für Wohnungsmiete – in den 50er Jahren relativ konstant um 10% – sind dagegen seit 1963 stark angestiegen, was im wesentlichen auf die im Vergleich zu anderen Preisen überdurchschnittliche Steigerung der Mieten und die enorme Steigerung der Grundstücks- und Baupreise zurückzuführen ist. Verdoppelt hat sich von 1950 bis 1971 der Anteil für Hausrat, während sich der Anteil der Ausgaben für Verkehr und Nachrichtenübermittlung sogar verfünffacht hat. Die Aufwendungen für Kauf, Haltung und Wartung eines Kraftfahrzeuges machten davon 1971 etwa vier Fünftel der Verkehrsausgaben aus.«[23] Differenziert nach Arbeiter- und Angestelltenhaushalten sieht das Bild jedoch anders aus. Es zeigt sich, daß Arbeiter aufgrund ihrer physischen Indienstnahme durch das Kapital und ihrer im Vergleich zu den Angestellten geringeren Einkünfte einen wesentlich höheren Anteil für Nahrungsmittel verausgaben müssen, als dem Durchschnitt entspricht.

Relativ klar geht die Einkommenslage der Lohnarbeiter in der BRD aus ihren Sparmöglichkeiten hervor. Zwischen 1968 und 1971 hat sich ihre Sparquote von 4,7 auf 9,5 erhöht. In falscher Analogie könnte man annehmen, daß die Rücklagen der Arbeiter und Angestellten einen Indikator ihrer »Reproduktion auf erweiterter Stufenleiter« darstellen, während die laufenden Lebenshaltungskosten der »einfachen Reproduktion« entsprechen. Tatsächlich sparten aber nur 3,9 Prozent der Arbeiter und 4,7 Prozent der Angestellten, um Gewinne zu erzielen. Ansonsten legen sie das Geld auf die hohe Kante, weil sie für eine Wohnung, langlebige Verbrauchsgüter, die Erziehung ihrer Kinder, ein gesichertes Alter, für Notfälle, Urlaubsreisen usf. auf diese Weise vorsorgen müssen. »Anschaffungen, die über 200 DM hinausgehen, werden in Haushalten von ungelernten/angelernten Arbeitern zu 35%, in Haushalten von Facharbeitern zu 31%, von einfachen Angestellten zu 39% und von mittleren Angestellten zu 24% aus speziell für diese Anschaffungen gesammelten Ersparnissen finanziert.«[24] Dazu kommt, daß 21% der Familien von Facharbeitern und einfachen Angestellten überhaupt keine finanziellen Reserven bilden können; sie leben

von der Hand in den Mund. Diese Zahlen machen deutlich, daß die Wiederherstellung der Arbeitskraft der Lohnarbeiter aufgrund ihrer Einkünfte bloß »einfache Reproduktion« ist. Das Lohneinkommen der Arbeiter deckt im Durchschnitt gerade ihre Lebenshaltung; von »Vermögensbildung« kann da keine Rede sein. Zu diesem Punkt führt Deppe aus: »Ein kurzer Blick auf die derzeit in der BRD geführte Diskussion über Vermögensbildung von Arbeitern muß auch den Soziologen belehren, daß selbst unter den vermeintlichen Bedingungen der sogenannten ›Wohlstandsgesellschaft‹ der nicht-konsumierte Teil der Arbeitereinkommen, d. h. jener Teil, der gespart wird bzw. frei verfügbar ist, verschwindend gering ist. Trotz der zweifellos gewandelten Angebotsstruktur auf dem Konsumgütermarkt ist also nicht die im vorigen Jahrhundert von *Marx* vertretene These widerlegt worden, daß das Einkommen der Arbeiterfamilie im Durchschnitt dem Wert jener Güter und Dienstleistungen entspricht, die zur Reproduktion seiner Arbeitskraft und zur Produktion neuer Arbeitskraft (Familie) erfordert werden.«[25]
Hinzu kommt, daß – wie aus Angaben von M. Tjaden-Steinhauer und K. H. Tjaden hervorgeht – der Anteil der Lohnarbeiter am Volkseinkommen faktisch ständig abnimmt. Zwischen 1960 und 1969 stieg der nominelle Anteil der Unselbständigen zwar geringfügig von 45,4 Prozent auf 45,9 Prozent, doch nahm im gleichen Zeitraum der Anteil der Erwerbstätigen an der Gesamtbevölkerung, die Zahl der Unselbständigen gegenüber den Selbständigen sprunghaft zu. Gleichzeitig war ein Umschichtungsprozeß zugunsten höher qualifizierter Lohnarbeit im Gang, was aus der überdurchschnittlichen Zunahme von Angestellten- und Beamtenfunktionen hervorgeht. Diese Gesamttendenz ist nicht neu, sondern kennzeichnete bereits die Aufbauphase der BRD: »Die zunehmende Polarisierung zwischen Arbeiterklasse und Kapitalistenklasse in der ersten Entwicklungsphase der BRD drückte sich darin aus, daß der Anteil der unselbständig Erwerbstätigen von 1950 bis 1960 von 68% auf 77% stieg, während der Anteil ihres Nettoeinkommens am Volkseinkommen von 46% auf 45% sank.«[26]

Ein weiterer Hebel, über den die Arbeitssituation auf die Reproduktionsform der Arbeiter einwirkt, ist die durch den Arbeitsinhalt bestimmte Arbeitsbelastung. In der Zeit nach dem Zweiten Weltkrieg hat zwar die Mechanisierung der industriellen Produktionsprozesse weiter zugenommen; dennoch kann keine Rede davon sein, daß die körperliche Schwerarbeit der Vergangenheit angehört. Dabei muß ferner berücksichtigt werden, daß erhöhte Mechanisierung der Arbeit immer auch intensivere Indienstnahme der menschlichen Arbeitskraft bedeutet. So mag in manchen Arbeitsbereichen zwar das Ausmaß kurzfristiger physischer Belastungen — zum Beispiel durch den verstärkten Einsatz von Hebemaschinen und die Mechanisierung der Erdbauarbeiten — abgenommen haben, während dafür die physischen und vor allem psychischen Dauerbelastungen angestiegen sind. Begreiflicherweise liegt hierzu kein brauchbares Zahlenmaterial als Beweismittel vor. Grundsätzlich muß man aber davon ausgehen, daß nicht der in neuen Produktionsmitteln Gestalt annehmende wissenschaftlich-technische Fortschritt selbst ein höheres Mehrprodukt liefert, sondern daß er nur vorausgesetzt ist zur intensiveren Ausbeutung der menschlichen Arbeitskraft. Es ist ihre Produktivität, die zunimmt, und nicht die der Maschine.

Shingo Shibata hebt den Einfluß des verstärkten Einsatzes von Computern auf die Arbeitssituation hervor. Er führt zur Ausdehnung der Arbeitszeit durch mehr oder weniger erzwungene Überstundenleistungen und in der Beschäftigtenstruktur zur Polarisierung zwischen Spezialisten und unqualifizierten Arbeitskräften im Bereich der Büroarbeit. Als Indiz für die gestiegene Arbeitsbelastung nennt der Autor die sprunghafte Zunahme von Krankheitsfällen in Japan: »Immer mehr Arbeiter leiden aufgrund der zunehmenden Arbeitsintensivierung an Sehnenscheidenentzündungen sowie Lähmungen der Finger und anderer Körperteile. Während 1955 pro Tag 7,2 von 10 000 Einwohnern wegen Sehnenscheidenentzündungen in ärztlicher Behandlung waren, erhöhte sich diese Zahl im Jahre 1967 auf 32,3. Vergleicht man den jährlichen Durchschnitt der Jahre 1955 bis 1957 und 1965 bis 1967, so ist eine Zunahme der Kranken pro 10 000 Einwohner um 180% zu verzeichnen, wobei allerdings Sehnenscheidenentzündungen mit 395%, Kreislauferkrankungen und Erkrankungen des Nervensystems und der Sinnesorgane mit 257% vertreten sind.«[27]

Ein anderer Aspekt, der wesentlich zur höheren Belastung der Lohnarbeit im industriellen Produktionsprozeß beträgt, ist der immer raschere »moralische« Verschleiß der Produktionsmittel. Die erhöhte organische Zusammensetzung des Kapitals macht optimale Nutzung der Maschinerie erforderlich, um den Kapitalumschlag zu verkürzen. In der Praxis ist das nur zu erreichen durch den Betrieb rund um die Uhr. Für die Lohnarbeiter bedeutet das Schicht- und Nachtarbeit, wobei sie aus ihrem natürlichen Lebensrhythmus gerissen werden: »Der Zwang zu einer phasenverschobenen Lebensweise bedeutet also einmal für den Arbeiter einen höheren Grad von Belastung und Verausgabung, da er immer gerade dann Leistungen zu vollbringen hat, wenn sein Körper den Tiefpunkt seiner Leistungsfähigkeit erreicht hat. Zum anderen steht dieser größeren Belastung während der Arbeit noch potenzierend eine geringere Erholung während des Schlafes gegenüber, da der Schlaf von Nacht- und Schichtarbeitern nicht nur kürzer, sondern auch schlechter ist als bei Beschäftigten in Tagschicht. ... Beide Tatbestände, die höhere Belastung der Nacht- und Schichtarbeiter wie ihre geringe Erholung während des Schlafes deuten darauf hin, daß diese Belastungen nur durch ein ständiges Überziehen der physischen und psychischen Leistungskapazitäten auf Kosten eines vorzeitigen Verschleißes von Leistungsfähigkeit und Gesundheit und durch einen Abbau körperlicher Substanz erkauft werden können.«[28]

Exemplarisch für die Entwicklung der Arbeitsbelastung ist eine einschlägige Untersuchung über die Eisen- und Stahlindustrie zwischen 1949 und 1969; ihre Resultate lauten:

»1. Die Arbeitsplatzbelastung hat sich in den letzten 20 Jahren relativ geringgradig verändert. Man muß damit rechnen, daß auch heute noch von den im Produktionsgeschehen stehenden

Belegschaftsmitgliedern rund 25 bis 30 Prozent eine Schwerarbeit, teilweise mit erheblichen Überbelastungstendenzen ausführen müssen. Die Eisen-Stahl-Industrie hat also im Rahmen der Automation im Hinblick auf die Arbeitserleichterung nur am Rande Nutzen gezogen. Nach wie vor haben wir in der Eisen-Stahl-Industrie relativ viele Arbeitsplätze, die eindeutig als Schwer- bzw. Schwerstarbeit mit Überbelastungstendenzen anzusehen sind.
2. Automatisierte Arbeitsplätze . . . stellen nicht logischerweise eine Arbeitserleichterung dar. Häufig hat sich die Arbeitsbelastung lediglich verschoben, von einer u. U. zunächst überwiegend muskulären Belastung zu einer Belastung, die zwar muskulär geringer ist, aber erhebliche statische Arbeitselemente beinhaltet bzw. mit erhöhten Klimabelastungen einhergeht.
3. In der Eisen-Stahl-Industrie finden sich Arbeitsplätze mit maximalen Belastungen, die mit denen eines Leistungssportlers identisch sind. Bei dieser Feststellung muß man berücksichtigen, daß der Leistungssportler derartige Leistungen nur kurzfristig in einigen Jahren seines Lebens durchführt, während die im Produktionsgeschehen stehenden Belegschaftsmitglieder diesen Belastungen täglich über eine Acht-Stunden-Schicht ausgesetzt sind. Sie sollten diese möglichst über Jahrzehnte ohne Lohnverlust und Arbeitsplatzwechsel ausüben können. Höchstbelastungen, wie wir sie in unseren Untersuchungen gefunden haben, können naturgemäß nicht bis ins höhere Alter aufrecht erhalten werden. Physische Schwerarbeit führt, wie Hettinger zeigen konnte, zu erhöhten Erkrankungszeiten, gehäuften Unfällen und u. U. auch zu einer vorzeitigen Invalidität.«[29]

Der Ausdruck »vorzeitige Invalidität« weist darauf hin, daß es das private Kapital prinzipiell darauf angelegt hat, die Arbeitskraft der Menschen soweit in Anspruch zu nehmen, daß sie spätestens dann praktisch invalid sind, wenn sie das Renten- bzw. Pensionsalter erreicht haben. Bei relativer Stabilisierung der physischen Beanspruchung im materiellen Produktionsprozeß und gleichzeitig sprunghaftem Anstieg der psychischen Belastung der gesamten Lohnarbeit kann nicht von einer Verbesserung der Arbeitssituation in den letzten beiden Jahrzehnten, sondern nur von einer Verschlechterung gesprochen werden. Die Verschleierung dieses Sachverhalts ist primär der objektiven Verbesserung der Reproduktionssituation der Arbeiter und Angestellten geschuldet.

Ein weiterer Punkt, der die gesamte Lebenssituation der Lohnarbeiter bestimmt, ist die Arbeitszeit. Auf diesem Gebiet hat die Arbeiterbewegung die entschiedensten Fortschritte erzielt. »Bis zum Anfang des 20. Jahrhunderts betrug die wöchentliche Arbeitszeit der Arbeiter zwischen 60 und 90 Stunden ... Diese Situation begann sich nach dem Ersten Weltkrieg zu verbessern, als es gelang, die allgemeine Einführung des Achtstundentages durchzusetzen. Fortgesetzt wurde diese Entwicklung nach dem Zweiten Weltkrieg mit der Verkürzung der tariflichen Arbeitsdauer auf zuerst 45 (1957) und heute bereits in vielen Bereichen auf 40 Stunden.«[30] Dabei muß man aber bedenken, daß die für das Kapital optimale Arbeitszeit aufgrund der fortgesetzten Intensivierung der Arbeitsbelastung ständig sinkt. In einem Lichtsatzbetrieb in der Nähe von Wien, in dem ich einige Zeit beruflich zu tun hatte und der mit modernsten Produktionsmitteln ausgestattet ist, verkürzte die Geschäftsführung die tägliche Arbeitsdauer der Setzer auf fünf Stunden. Dieser Entscheidung lag eine Berechnung zu Grunde, wonach bei längerer Belastung die Fehlleistungen der Arbeiter derart sprunghaft zunehmen, daß ihre Arbeit für das Unternehmen unrentabel wird.

Solche Entwicklungen sind aber äußerst beschränkte Einzelfälle. Denn prinzipiell besteht eine immer größere Kluft zwischen tariflich festgelegter und tatsächlich geleisteter Arbeitszeit. »Zwischen 1958 und 1970 erhöhten sich die bezahlten Mehrarbeitsstunden in der Industrie von 2,4 auf 4,5 Stunden pro Woche, also um 90%.«[31] Rechnet man als arbeitsgebundene, freilich aber unbezahlte Zeit den Weg zum Arbeitsplatz mit ein, so ergibt sich aus diesem Faktor aufgrund des Wachstums der Städte ebenfalls eine stärkere zeitliche Inanspruchnahme der Menschen durch ihren Beruf. »Sie beträgt — zuzüglich der nicht bezahlten Pausen (Frühstück, Mittag usw.) von etwa 45 Minuten täglich

— noch ungefähr 43,8 Stunden pro Woche. Berücksichtigt man ferner einen Zeitaufwand von durchschnittlich 45 Minuten je Arbeitstag für den Weg von und zur Arbeit, so erhöht sich die wöchentliche arbeitsgebundene Zeit auf 47,6 Stunden.«[32]
Arbeitslohn, Arbeitsbelastung und Arbeitszeit beeinflussen als Hauptfaktoren die Arbeits- und Lebenssituation der Menschen. Demnach geht das von der bürgerlichen Ideologie gezeichnete Bild einer bereits vorherrschenden »Überflußgesellschaft« an den Tatsachen, den konkreten Lebensbedingungen der Lohnarbeiter vorbei. Vor dem Hintergrund der oben angeführten Fakten kann nun die Freizeitnutzung durch die Klasse der Lohnarbeiter näher betrachtet werden.
»Nimmt man die ›Arbeits- und arbeitsverbundene Zeit‹ aus und betrachtet nur die verbleibende Zahl unter dem qualitativen Aspekt ihrer Funktion für jene Arbeitszeit, so wird sie in der BRD im Durchschnitt einer Woche folgendermaßen genutzt:
— ca. 60% für physiologische Notwendigkeiten (Schlaf, Hygiene, Mahlzeiten) und für Regeneration, d. h. die Zeit, die ohne bewußte geistige und/oder körperliche Anstrengung aufgrund einer bestimmten Intention meist passiv verbraucht wird (Ausruhen, Spazierengehen, bestimmte Formen des Medienkonsums etc.),
— ca. 20% für die Sicherung des materiellen Lebensunterhalts, d. h. die Zeit, die mit Tätigkeiten ausgefüllt wird, die das Haushaltseinkommen direkt oder indirekt erhöhen, aber nicht betriebliche Arbeit sind (produktive Funktionen des Haushalts, Do-it-your-self, Schwarzarbeit, Nachbarschaftshilfe etc.),
— ca. 20% für jene Zeit, die verbleibt und scheinbar den größten Grad an Beliebtheit hinsichtlich ihrer Verwendung besitzt: die eigentliche ›Freizeit‹.«[33]
Aus diesen Zahlen geht ganz deutlich hervor, daß die Reproduktion der menschlichen Arbeitskraft als Komplement der Lohnarbeit keinen Spielraum läßt für die Entfaltung der Menschen. Die sogenannte Freizeit hat kompensatorischen Charakter. Und selbst die »Freizeit«-Aktivitäten haben primär regenerative Funktion. »Letzteres kann sicher von einem Großteil der

vor dem Fernsehgerät bzw. Radio verbrachten Zeit, wahrscheinlich aber auch für Spazierengehen, bestimmte Formen der Zeitungslektüre, des Kino- oder Sportplatzbesuchs angenommen werden.«[34]

Das geringe Lohneinkommen zwingt die Arbeiter überdies, in ihrer eigentlich arbeitsfreien Zeit produktive Tätigkeiten auszuführen. 10 Prozent machen Schwarzarbeit. Eine große Anzahl erhöht das Einkommen indirekt durch Gartenarbeit oder die Ausführung von Reparatur-, Service- und Dienstleistungsarbeiten in Eigenregie. In vielen Fällen versorgen sich Arbeiter- und Angestelltenfamilien selbst, was Schneider-, Tischler-, Maler-, Anstreicher-, Tapeziererarbeiten, die Erneuerung und Verbesserung von Licht-, Gas- und Wasserleitungen, die Wohnungs- und Autoreparatur, das Wäschewaschen usw. usf. betrifft. »Nur knapp ein Fünftel aller Facharbeiter gegenüber mehr als einem Drittel der Angestelltengruppe holt immer den Fachmann, wenn es im Haushalt etwas zu reparieren gibt.«[35]

Die angeführten Argumente machen klar, daß für die Arbeiterklasse die von bürgerlichen Meinungsmachern unterstellte Freizeitgesellschaft nicht existiert. Unter den Vorurteilen der bürgerlichen Presse zum Beispiel gilt die Urlaubsreise etwa als ein Ziel, das jedermann zugänglich ist. Auch hier irrt die öffentliche Meinung. Vielmehr »zeigt sich, daß vor allem die finanzielle Benachteiligung der Arbeiter sich in deren Urlaubsverhalten niederschlägt. Geringere Reiseintensivität, aber auch Unterschiede in Reisedauer, -zielen und -komfort etc. lassen sich erkennen. Zwar ist auch die Urlaubsreise in zunehmendem Maße Arbeitern nicht mehr fremd, doch gilt sie noch keineswegs als Selbstverständlichkeit. Nicht nur ist der finanzielle Aufwand ... schwerer zu erbringen, auch der Konsum anderer Waren, die möglicherweise eher der Befriedigung der täglichen Reproduktionsbedürfnisse dienen, geht anscheinend in der Ausgabenpriorität vor.«[36]

Der Zusammenhang zwischen Produktion und Reproduktion ist für die Lohnarbeiter als Klasse bestimmt durch die Ausbeutung, welche ihnen die kapitalistischen Produktionsverhältnisse aufzwingen. Die Rekonstruktion des Kapitalismus in den westeuropäischen Industrieländern war und ist verbunden mit einem ungeheuren Konzentrations- und Akkumulationsprozeß des Kapitals. Die Ausdehnung der Produktion macht eine parallele Erweiterung der Zirkulation erforderlich. Ohne an der Verteilung des gesamtgesellschaftlichen Reichtums zwischen Kapital und Lohnarbeit, zwischen besitzenden Nichtarbeitern und besitzlosen Arbeitern etwas zu verändern, erhöhte sich so mehr oder weniger automatisch der Lohnfonds. Die massenhafte Produktion von Verschleißgütern korreliert mit dem massenhaften Konsum dieser Waren, der nur unter Einspannung auch der Lohnarbeit gesichert werden kann. Es war und ist also primär die Logik des kapitalistischen Verwertungsprozesses, der die relative materielle Besserstellung der Arbeiter und Angestellten in der Entwicklung nach dem Zweiten Weltkrieg geschuldet ist. An der Struktur der kapitalistischen Gesellschaft, an ihren Besitz- und Herrschaftsverhältnissen hat sich dadurch nichts geändert. Ganz im Gegenteil: die Polarisierung zwischen Kapital und Arbeiterklasse schreitet weiter voran. Daß selbst die dargestellten relativen Verbesserungen in den Bereichen Arbeitslohn und Arbeitszeit ausschließlich immanenten Erfordernissen der kapitalistischen Entwicklung entsprechen, ist zu erkennen, wenn man den Zusammenhang zwischen Produktion und Reproduktion, wobei hier der für die Lohnarbeiter relevante Aspekt in diesem Verhältnis angesprochen wird, unter dem Gesichtspunkt des Kapitals untersucht.

2. Bedingungen für das Kapital

Der Begriff der wissenschaftlich-technischen Revolution wird von der bürgerlichen Propaganda in den letzten Jahren häufig als Argument angeführt, das für eine qualitative Veränderung und Veränderbarkeit der kapitalistischen Gesellschaft unter Aufrechterhaltung der herrschenden Besitzverhältnisse sprechen soll. Dieser Argumentationszusammenhang ist in mehrfacher Hinsicht falsch:

1. Die kapitalistische Gesellschaft kann nur durch die Aufhebung der herrschenden Besitz- und Machtverhältnisse, also durch die sozialistische Revolution strukturell verändert werden.

2. Die wissenschaftlich-technische Revolution kennzeichnet nicht bloß die Entwicklung der letzten Jahre; sie charakterisiert vielmehr den Übergang vom extensiven zum intensiven Wirtschaftswachstum und datiert somit ins dritte Drittel des vorigen Jahrhunderts zurück.

3. Zwar bedeutet die wissenschaftlich-technische Revolution einen einschneidenden Wandel für den kapitalistischen Produktions- und Verwertungszusammenhang; am Lebenszusammenhang der Menschen ändert sie aber nichts, der Gegensatz zwischen Lohnarbeit und Kapital bleibt bestehen.

Eine völlige Trennung zwischen extensiven und intensiven Wachstumsfaktoren gibt es nicht. Man kann aber davon sprechen, daß entweder der extensive oder der intensive Aspekt Vorrang hatte beziehungsweise hat. Extensives Wachstum ist dann gegeben, wenn die wirtschaftliche Entwicklung primär auf zahlenmäßiger Zunahme von Arbeitskräften und Produktionsmitteln beruht und daher die organische Zusammensetzung des Kapitals niedrig ist (= hoher Anteil des Lohnfonds am gesamten Produktionskapital). Intensives Wachstum liegt hingegen dann vor, wenn der wirtschaftliche Fortschritt primär von der Steigerung der Arbeitsproduktivität jeder einzelnen Arbeitskraft abhängt, was große organisatorische Anstrengungen und hohe Investitionen zur Verbesserung der Maschinerie voraussetzt und somit die organische Zusammensetzung des Kapitals fortlaufend sprunghaft erhöht (= hoher Anteil des fixen Kapitals — Produktionsanlagen und -mittel — am gesamten Produktionskapital).

Der Übergang von der Dominanz der extensiven zur Vorherrschaft der intensiven Wachstumsfaktoren, die Steigerung der organischen Zusammensetzung des Kapitals ist kein voluntaristischer Akt der privaten Kapitalbesitzer. Diese Entwicklung ist vielmehr wesentlich durch die Verhältnisse auf dem Arbeitsmarkt bestimmt. Die Existenz einer industriellen Reservearmee beziehungsweise die Nicht- oder Unterbeschäftigung eines großen Teils der arbeitsfähigen Bevölkerung wirkt auf dem Arbeitsmarkt als ein Überangebot. Lohndruck herrscht vor und das Kapital erreicht sein Verwertungsinteresse spielend durch die bloße Ausdehnung produktiver Kapitalanlagen. Der Stabilisierung der Organisationsstufe wird jedoch — zum Teil unabhängig von den Verhältnissen auf dem Arbeitsmarkt — dadurch ein Riegel vorgeschoben, daß die kapitalistische Konkurrenz in jeder Entwicklungsphase die Erhöhung des relativen Mehrwerts, die Steigerung des Arbeitsprodukts je Arbeitskraft erzwingt. Die Ausschöpfung des Arbeitspotentials und die Entfaltung der Arbeiterbewegung haben historisch die immer stärkere Vorherrschaft dieser intensiven Wachstumsfaktoren erzwungen.

In der Logik der kapitalistischen Produktion entscheidet die Knappheit von Ressourcen darüber, wie mit ihnen umgegangen wird. Das gilt auch für die lebendige Arbeitskraft der Menschen, aus welcher das Kapital Wert und Mehrwert erpreßt. Der Überfluß an Arbeitskräften führt deswegen zur Unterbezahlung der Lohnarbeit, zu ihrem raschen Verschleiß innerhalb eines halben Menschenlebens.[37] Der Arbeitskräftemangel führt hingegen zur immer intensiveren Indienstnahme der Lohnarbeit im fortlaufend organisatorisch und wissenschaftlich-technisch innovierten Produktionsprozeß. In dieser Entwicklung hat der langsam zu Tode geschundene Arbeiter keine Funktion mehr; das intensive Wirtschaftswachstum korreliert vielmehr mit einem hohen Ausbildungsstand der Arbeitskraft verbunden mit physischer und psychischer Leistungsfähigkeit. Das setzt ein relativ hohes Reproduktionsniveau voraus; und der Arbeitszeit sind durch das nunmehr langfristige — und nicht mehr bloß momentane Ausbeutungsinteresse des Kapitals an jeder einzelnen Arbeitskraft Grenzen gesetzt.

Die Änderung in der äußeren Form der kapitalistischen Ausbeutung, die wiederum der Verknappung der Ware Arbeitskraft geschuldet ist, bildet den Hintergrund, vor dem die im vorhergehenden Abschnitt dargestellten Verbesserungen in der Reproduktion der Arbeitskraft gesehen werden müssen. Die in jeder Hinsicht steigenden Anforderungen an die Lohnarbeit, insbesondere was Bildung und Ausbildung sowie die psychische Leistungsfähigkeit betrifft, setzen die schrittweise Eliminierung des materiellen Elends der Arbeiterklasse, wie wir es aus dem 19. Jahrhundert kennen, voraus. Es liegt dabei im Zusammenhang zwischen privatem Kapitalverwertungsinteresse und kapitalistischem Staat begründet, daß der Großteil der dazu notwendigen Investitionen in erster Linie erst recht wieder von der Gesellschaft der Produzenten getragen wird.

Claus Offe weist auf den Zusammenhang zwischen kapitalistischer Entwicklung und den Stand des produktionsnotwendigen Reproduktionsniveaus der Arbeitskraft hin: »Der Begriff des Wachstums, besonders der Begriff wachsenden Realeinkommens, auf den die Verteidiger des Kapitalismus so stolz und nachdrücklich hinweisen, hat zudem einen trügerischen oder besser: *be*trügerischen Charakter insofern, als er systematisch das unterschlägt, was Gorz die ›im Rahmen sich wandelnder Lebensbedingungen tatsächlich entstehenden Kosten der gesellschaftlichen Reproduktion der Arbeitskraft‹ nennt. Was damit gemeint ist, macht folgende Überlegung klar: Unter den Bedingungen eines weniger entwickelten Industriesystems reichten weit geringere Kosten als heute, die Arbeitskraft, die in den kapitalistischen Verwertungsprozeß einging, zu ›erzeugen‹ und zu erhalten (›Reproduktion‹). Um dagegen unter hochentwickelten Verhältnissen die Arbeitskraft in Gebrauch zu halten, sind gesellschaftliche Aufwendungen von ganz anderer Größenordnung erforderlich, zum Beispiel: Voraussetzung für die jedenfalls zeitweilige Nutzung der weiblichen Arbeitskraft für den Produktionsprozeß ist offensichtlich die Mechanisierung der Hausarbeit einerseits, die Versorgung der Kleinkinder während der Abwesenheit der Eltern andererseits. Eine weitere Voraussetzung, jedenfalls in Großstädten, ist die Beschaffung und Unterhaltung individueller Transportmittel zum Arbeitsplatz. Weitere Nebenkosten der Reproduktion der Arbeitskraft ergeben sich aus dem wachsenden Bedarf und der dementsprechend verlängerten Zeitdauer von Erziehung, Bildung, Fortbildung, Kommunikation und Erholung. *Erhöhte* gesellschaftliche Kosten müssen also aufgewendet werden, um *dieselbe* Arbeitskraft für den Gebrauch des Unternehmers zu erhalten.«[38]

Für das Kapital ist demnach der Zusammenhang zwischen Produktion und Reproduktion von seinem Produktions- und Verwertungsinteresse her bestimmt. Die Anhebung des Reproduktionsniveaus ist abhängig von der Form der Nutzung der Arbeitskraft durch das Kapital: Es kommt darauf an, ob sie rasch verschlissen werden kann, weil genügend Nachschub vorhanden ist und ihre Ausbildungskosten niedrig sind, oder ob sie langfristig genutzt werden muß, weil das Angebot knapp und ihr Ausbildungsstand hoch ist. Gegenwärtig herrscht ganz eindeutig der letztere Aspekt vor. »Die ständige Erneuerung und Verfeinerung der Produktionstechnik, durch die hindurch sich die kapitalistische Entwicklung vollzieht, setzt auf der Seite der Arbeitskraft eine erhöhte Qualifizierung und oft eine dauernde Vervollkommnung der Kenntnisse und Fertigkeiten voraus, die im Produktionsprozeß nachgefragt werden.«[39] Zu einem wesentlichen Teil geht die deswegen notwendige Verbesserung der Reproduktion im Bereich von Bildung und Ausbildung, des Wohnungs- und Städtebaues, der Individual- und Massen-Verkehrswege usw. zu Lasten der Gesamtgesellschaft. Dort, wo allerdings das Kapital in Form von Lohn- und Gehaltserhöhungen zur Kasse gebeten wird, spart es sich die Tariferhöhungen nicht vom Munde ab; vielmehr gibt das Einzelkapital gerade soviel her, als zur Ausdehnung der kauffähigen Nachfrage notwendig ist, um das erweiterte Warenangebot absetzen zu können. Insgesamt ergibt sich dabei keine Umverteilung des gesellschaftlichen Reichtums. Ganz im Gegenteil wird die Ungleichheit noch verschärft: Während der Verteilungsschlüssel für die Zuweisung des Volkseinkommens an Lohnarbeit und Kapital in den letzten beiden Jahrzehnten im wesentlichen unverändert blieb, hat der Anteil der unselbständig Erwerbstätigen stark zu und der der Selbständigen an der Zahl der Berufstätigen stark abgenommen. Es steigt also die Anzahl der Köpfe auf die der gesamtgesellschaftliche Lohnfonds aufgeteilt werden muß; hingegen raffen immer weniger Kapitalisten immer mehr Geld an sich.

Wie die Steigerung des Reproduktionsniveaus der Arbeitskraft ausgesprochen den Kapitalinteressen entgegenkommt, so reduziert auch die Arbeitszeitverkürzung die Verwertungschancen des Kapitals nicht. Wenn dies auch viele Einzelunternehmer nicht begreifen, weil sie dumm sind, so liefert dennoch die bürgerliche Betriebssoziologie und Betriebswirtschaftslehre die besten Beweise. »Rotschild hat darauf hingewiesen, wie lange es dauerte, bis sich die Unternehmer diese Kenntnisse zunutze machten und der naive Glaube an eine Proportionalität zwischen Arbeitszeit und Arbeitserfolg, der allenfalls kurzfristiger Natur sein konnte, verblaßte.«[40]

Andreae referiert in seiner Arbeit den Begriff einer »optimalen« Arbeitszeit, »bei deren Überschreitung ein Arbeiter weniger als zuvor produzieren kann; auch bei Unterschreitung dieser Zeit wird das Produktionsergebnis geringer sein, da der Erholungseffekt (oder wie immer man ihn bezeichnen will) nicht ausreicht, um den Produktionsausfall durch größere Arbeitsintensität zu kompensieren.«[41] Im Folgenden erläutert der Autor eine schematische Darstellung des Zusammenhangs zwischen technisch möglicher Produktivkraft der Maschinerie, Arbeitszeitdauer und Produktionserfolg. Danach kann die — natürlich von Branche zu Branche verschiedene — »optimale« Arbeitszeit bestimmt werden, bei deren Über- oder Unterschreitung (der zweite Fall ist natürlich rein hypothetisch) das Produktionsergebnis sinkt. Berücksichtigt man noch die fortschreitende Produktivkraftsteigerung und die damit verbundene verstärkte Indienstnahme der Arbeitskraft je Zeiteinheit, so ist auch diese »optimale« Arbeitszeit kein feststehender und fixierbarer Wert; sie müßte vielmehr ebenso fortlaufend ihrem Umfang nach abnehmen. Die Produktivitätssteigerung durch einfache Arbeitszeitverkürzung ist jedenfalls ein empirisch belegtes Faktum. »Die Erhebungen des IFO-Instituts (anläßlich der Arbeitszeitverkürzung von 48 auf 45 Wochenstunden im Jahre 1957 vom Bundeswirtschaftsministerium in Auftrag gegeben — L. H.) ergaben, daß z. B. die Produktion in den untersuchten Betrieben der Textilindustrie durchschnittlich um 1,1% stieg und die Arbeitsproduktivität (Produktionsergebnis je Arbeitsstunde) sich um 8% erhöhte, in der Uhrenindustrie um 3,6% und im Maschinenbau um 3,4%.«[42]

Daraus geht hervor, daß die tariflich fixierten Arbeitszeitverkürzungen immer bloß einen Versuch darstellen, den Abstand der tatsächlich geleisteten zur »optimalen« Arbeitszeit zu verkürzen. Der irrationale Verschleiß an menschlicher Arbeitskraft und Arbeitsfähigkeit, der durch dieses Mißverhältnis hervorgerufen wird, hat allerdings Methode. Solange durch zusätzliche Überstundenleistungen das Endprodukt im Endergebnis höher ist, amortisiert sich das in Produktionsmitteln angelegte Kapital noch immer rascher; ein entscheidendes Faktum, insbesondere bei hoher organischer Zusammensetzung des Kapitals.

Tatsächlich stellen Arbeitszeitverkürzungen keine Konzessionen des Kapitals an die Lohnarbeit dar, wiewohl diese sie sich erkämpfen muß. Die Durchsetzung von Erfordernissen der Arbeitsökonomie wird von der Arbeiterschaft dem irrational operierenden Einzelkapitalisten aufgezwungen. Unter den herrschenden Besitzverhältnissen ist er es aber, der letztlich den Nutzen daraus zieht. Das trifft auch zu auf die gesamte Anhebung des Reproduktionsniveaus der Arbeitskraft. Im kapitalistischen Produktionszusammenhang kommt die auf höherem Niveau wiederhergestellte Arbeitskraft ihrer intensiveren Ausbeutung durch die besitzenden Nichtarbeiter zugute, während die Ausdehnung des Massenkonsums vorausgesetzt ist, um die Kapitalverwertung zu sichern, Überproduktions-/Unterkonsumtionskrisen zu verhindern.

Der objektive Zusammenhang zwischen Produktion und Reproduktion stellt sich jedoch subjektiv für den einzelnen/vereinzelten Arbeiter in vieler Hinsicht anders dar als auf dem Grundwiderspruch zwischen Kapital und Lohnarbeit. Er sieht von seiner Situation am Arbeitsplatz ab und projiziert seinen Lebenszusammenhang in die arbeitsfreie Zeit, die für ihn eben den notwendigen Fluchtraum von seiner Arbeitssituation abgibt. Erst die Organisation in einer revolutionären Arbeiterpartei öffnet den Blick auf die politische Veränderbarkeit der eigenen Situation und der gesamten Gesellschaft, wodurch der objektive Lebenszusammenhang zwischen Arbeit und Wiederherstellung der Arbeitskraft unter den Bedingungen kapitalistischer Herrschaft der subjektiven Erkenntnis erst voll zugänglich wird. Zunächst soll aber nun das subjektive Bild vom Zusammenhang zwischen Produktion und Reproduktion herausgeschält werden, wie es in der herrschenden Gesellschaft weithin Gültigkeit hat und als falsches Bewußtsein das Handeln der Menschen bestimmt.

III

Der subjektive Zusammenhang zwischen Produktion und Reproduktion

Objektiv ist die Arbeit das zentrale Kriterium für die Bestimmung des Menschlichen am Menschen. Die spezielle Form der Lohnarbeit im Kapitalismus, ihre Ausbeutung und Entfremdung, läßt den einzelnen Arbeiter jedoch sein Glück außerhalb der Arbeit in der arbeitsfreien Zeit suchen. Die subjektive Orientierung des nicht organisierten Arbeiters an der »Freizeit« ist seiner objektiven Lage im gesellschaftlichen Zusammenhang geschuldet, der durch den Gegensatz von Lohnarbeit und Kapital geprägt ist. Indem der besitzlose Lohnarbeiter gezwungen ist, seine Arbeitskraft an den besitzenden Nichtarbeiter zu veräußern, veräußert er sein ganzes menschliches Wesen. Dies tut er, um seine nackte Existenz fristen zu können. Seine Arbeit, die einem anderen gehört, »ist daher nicht Befriedigung eines Bedürfnisses, sondern sie ist nur ein *Mittel* um Bedürfnisse außer ihr zu befriedigen.«[43]

Der Lohnarbeiter arbeitet also, um leben zu können; leben tut er aber, wenn er nicht arbeitet. Daher wird der Zusammenhang zwischen Produktion und Reproduktion subjektiv vom reproduktiven Bereich bestimmt. Je schlechter die Einkommenssituation eines männlichen oder weiblichen Arbeiters und je drükkender daher auch die Versorgungslage der Familie ist, desto bestimmter weiß er, daß er bloß zum Lebensunterhalt schuftet, und desto weniger kann er sich mit seiner Arbeit identifizieren. Und ganz allgemein hängt ja das Selbstverständnis der Menschen ganz wesentlich mit dem Ausmaß an Demonstrationskonsum zusammen, den sie sich leisten können. Für die amerikanischen Verhältnisse der 50er Jahre hat David Riesmann herausgearbeitet, daß die Berufstätigkeit der Frau primär diesem Ziel untergeordnet ist. »Die Frau ist damit einverstanden, daß sie nur Geld verdient, um zur Finanzierung des Lebenszuschnittes beizutragen, an den sich die Familie schon im voraus gewöhnt hat; sie arbeitet, um einen neuen Wagen, eine neue Zimmereinrichtung, Kanuferien in Minnesota heimzubringen, aber nicht um eine ›Karriere zu haben‹ in dem Sinne, daß sie Status und Befriedigung im Vorankommen im Beruf und in umfassenderen Arbeitshorizonten gewinnen wollte.«[44]

Die fragwürdige Orientierung Riesmans am armseligen Wohlstand der Mittelschicht wäre, auf europäische Verhältnisse übertragen, nur noch zynisch. Wichtig an der Bemerkung aber ist, daß grundsätzlich das männliche Arbeitseinkommen nicht mehr ausreicht, um all jene Güter und Dienstleistungen zu erwerben, die die Warenpropaganda als besitznotwendig und existentiellen Minimalstandard hinstellt. Das Existenzminimum, auf welches die Entlohnung der Arbeiter bezugnimmt, ist keine absolute Größe, sondern verändert sich relativ zur gesamtwirtschaftlichen Entwicklung. Das Selbstverständnis der Frau zu ihrer Berufstätigkeit steht daher mit dem gesamten Familieneinkommen und der davon abgeleiteten Dringlichkeit in Zusammenhang, zum unmittelbaren Erwerb des Existenzminimus oder des — wie es Riesman ausdrückt — »Konsum-Standardpaktes« beizutragen. An der ständigen Erweiterung und Differenzierung des Warenbündels, das man besitzen muß, um für voll genommen zu werden und auch sich selbst für voll nehmen zu können, arbeiten Werbung und Massenmedien ohne Unterlaß.

Dabei muß man aber streng unterscheiden zwischen der allgemeinen Konsumatmosphäre, die von der Warenästhetik[45] geprägt wird, und der tatsächlichen materiellen Lage der Menschen. So hängt zum Beispiel die Einschätzung, welche die berufstätige Frau ihrer Situation gegenüber erbringt, wesentlich davon ab, ob ihr Einkommen einen notwendigen Beitrag zum Existenzminimum der Familie leistet oder den Erwerb zusätzlicher Konsumerrungenschaften erlaubt. Je stärker die Frau vom Notstand der Familie zur Arbeit gezwungen wird, desto geringer ist ihre Übereinstimmung mit ihrer Tätigkeit. Und je leichter die Illusion aufrecht erhalten werden kann, eigentlich nicht unbedingt arbeiten zu müssen, desto größer ist die Identifikation mit dem Beruf. Diese Zusammenhänge werden von einer empirischen Untersuchung bestätigt: » . . . die finanziellen Gründe wiegen in der Arbeiterschicht vor (52%) und werden — je höher die soziale Schicht — immer seltener (bis 7%) genannt; statt dessen steigt der Anteil derjenigen Frauen, die den Eigenwert des Berufes bzw. seinen relativen Wert nennen, bis er in der obersten Schicht . . . das Gewicht einer selbstverständlichen Motivation (90%) bekommt.«[46]

Diese Ergebnisse stehen natürlich auch in Zusammenhang mit den tatsächlichen beruflichen Möglichkeiten selbst. Es ist ein wesentlicher Unterschied für das Selbstverständnis der Frauen mit ihrer Arbeit, ob sie am Fließband sitzen oder im Büro, ob sie kommandiert werden oder selbst kommandieren. »Nach einer neueren Untersuchung aus dem Jahre 1972 würden es z. B. 41% der Arbeiterinnen vorziehen, sich ausschließlich der Familie und dem Haushalt zu widmen als einen Beruf auszuüben. Von den weiblichen Angestellten äußerten aber nur 13% diesen Wunsch. Dagegen räumten sie zu 81% der Erwerbsarbeit den Vorzug gegenüber der Hausarbeit ein, während lediglich die Hälfte der befragten Arbeiterinnen diese Ansicht teilten.«[47]

Die für die Frau sich traditionell anbietende Fluchtmöglichkeit in Familie und Haushalt drängt sich somit den am stärksten unterdrückten, in die materielle Produktion eingespannten Arbeiterinnen auf. Diese Form des Eskapismus behindert ihre gewerkschaftliche und politische Organisierung. Es ergibt sich daraus eine entscheidende Schwächung der Arbeiterbewegung — welche an sich schon im Moment in der BRD äußerst schwach ausgebildet ist —, weil die Bedeutung und der Anteil der Frauenarbeit ständig zunimmt.

Die Orientierung an der Reproduktionssphäre kennzeichnet nicht nur die Einstellung der Arbeiterinnen ihrer gesamten Lebenssituation gegenüber, sondern gilt für die Arbeiterklasse überhaupt. Entscheidend dafür war die ständige Erweiterung der Zirkulation nach dem Zweiten Weltkrieg, von der auch die

Lohnarbeiter durch die Ausdehnung des Massenkonsums profitiert haben. Die Massenproduktion von Verschleißgütern für die Massen erscheint sowohl als konsequente Anwendung der Wirtschaftstheorie von Keynes, als auch als notwendiges Moment der kapitalistischen Herrschaftssicherung. Das Kapital erreicht sein Interesse, die Warenproduktion als Mittel zum Zweck der Kapitalakkumulation, indem es sich die menschlichen Fähigkeiten der Lohnarbeiter (ihre Arbeitskraft) aneignet und deren Wünsche und Bedürfnisse auf ihre tierischen Funktionen umlenkt. In seinem Produktionszusammenhang nimmt das Kapital also das Menschliche am Menschen in Dienst, während es sich in seinem Verwertungszusammenhang auf dessen tierische Seite stützt. Der Aufsplitterung und Differenzierung der Warenproduktion entspricht die Auffächerung der materiellen Bedürfnisse der Menschen. Und zusammen sind sie das Charakteristikum der industriekapitalistischen Gesellschaftsformation. Die Entfaltung und Erweiterung menschlicher Bedürfnisse, welche tierischen Funktionen gerecht werden, ist erzwungen vom Verwertungsinteresse des Kapitals. Ohne die kapitalistischen Besitzverhältnisse zu sprengen, kann der akkumulierte Mehrwert der Lohnarbeit nur produktiv eingesetzt werden, wenn die Warenproduktion auf immer neue und zusätzliche Anwendungsbereiche ausgedehnt wird.

Die fortlaufend anschwellende Flut von Konsumgütern strömt in die Reproduktionssphäre ein und findet ihren Absatz durch die bis ins kleinste Detail gehende Manipulation der Verbraucherbedürfnisse, kurzatmige ästhetische Innovation der Produkte, die auf raschen Verschleiß konzipierte Herstellung der Waren. Die Anwendung von industriell produzierten Waren in der Reproduktion ändert aber nichts an deren Organisationsform. Die Mechanisierung der Hauswirtschaft erzwingt keine Vergesellschaftung der Hausarbeit, hebt sie auf kein höheres organisatorisches Niveau. Die propagandistische Überschwemmung des Proletariats mit Gütern des Massenkonsums verstärkt seine Orientierung an der arbeitsfreien Zeit. Zwar ist dem einzelnen Lohnarbeiter nur ein minimaler Teil des Gesamtangebots zugänglich, doch erweckt die schrittweise Erweiterung des eigenen Konsumstandards die Illusion, bei genügender Ausdauer einmal alle als besitznotwendig hingestellten Güter und Dienstleistungen auch tatsächlich erwerben zu können. Unterschlagen wird dabei, daß der Lohnarbeiter hinter seinem Konsumglück herrennt wie ein Esel der Rübe, die ihm mittels einer Stange vor die Nase gehalten wird. Dieser Mechanismus, welcher das Interesse der Arbeiterklasse von der Produktion abzieht, in der ihre Klassenlage verankert ist, bewirkt eine Verdoppelung der Entfremdung. Durch die Orientierung an ihrer arbeitsfreien Zeit wird den Lohnarbeitern ihr objektiver Lebenszusammenhang weggestohlen. Sie werden auf den Konsum und das individuell machbare Familienglück verwiesen. In dieser Sphäre herrscht nicht mehr der qualitative Klassengegensatz und -unterschied vor, sondern es entscheidet die quantitative Größe der Konsumpotenz.

Differenzierung und Ausbau der materiellen Bedürfnisse, welche das Kapital den Menschen zur eigenen Nutzung beläßt, sind über Warenproduktion und -konsumtion vermittelt. Damit werden zwei Fliegen auf einen Schlag getroffen. Das Kapital sichert sich dadurch immer neue und zusätzliche Anlagemöglichkeiten und Verwertungschancen; und es nimmt mit dieser Methode die Arbeiterklasse in den Konsumgriff. Je größer überdies ihre arbeitsfreie Zeit wird, was wiederum zur Bedarfserweckung vorausgesetzt ist, desto stärker und intensiver wird sie zur Selbstentäußerung in der Reproduktion gezwungen. Die Abtrennung der Lohnarbeiter von gegenkulturellen Lebensformen und ihre zweifache Einbindung in das herrschenden System hat zur Folge, was Brecht zur Trennung von »Unterhalt und Unterhaltung« bemerkt, nämlich die Einübung in die Haltung des Gegners: »die scheidung der bedürfnisse nach unterhaltung und unterhalt ist eine künstliche. in der unterhaltung (der ablenkenden art) wird der unterhalt ständig bedroht, denn der zuschauer wird nicht etwa ins nichts geführt, nicht in eine fremde, sondern in eine verzerrte welt. und er bezahlt seine ausschweifungen, die ihm nur als ausflüge vorkommen, im realen leben. nicht spurlos gehen die einfühlungen in den gegner an ihm vorüber. er wird sein eigener gegner damit. der ersatz befriedigt das bedürfnis und vergiftet den körper.«[48] Der warenästhetisch aufgedonnerte Unterhalt, der mittels Ersatzbefriedigung die Bedürfnisse deckt, ist inzwischen die einzige Form von Unterhaltung geworden, welche das Kapital den Lohnabhängigen freiwillig zugesteht.

Deppe faßt die Resultate kritischer Untersuchungen zusammen, die sich mit der Auswirkung des Konsumterrors auf das Bewußtsein der Lohnarbeiter auseinandersetzen: »Die doppelte Unterwerfung der Unterdrückten, die vor der Epoche der Massenproduktion von Konsumgütern und Dienstleistungen stets auf die Erfüllung verdrängter Wünsche und Bedürfnisse außer der realen Welt verwiesen waren, wird gegenwärtig über die Identifikation mit der Welt der Produktion und des Konsums selbst vollzogen. Kritische Untersuchungen des Bewußtseins von Arbeitern stellen daher immer wieder fest, daß der Intensität der Konsumorientierung nur eine schwach ausgebildete Beziehung zum Produktionsprozeß, mangelnde Identifikation mit dem Inhalt und der Perspektive der beruflichen Tätigkeit, geringe Informationen über gesellschaftliche und politische Zusammenhänge, Neutralität bzw. Ablehnung gegenüber aktivem gewerkschaftlichem oder politischem Engagement entsprechen. Goldthorpe, Lockwood u. a. heben z. B. die ›instrumentelle Orientierung‹ des Arbeiterbewußtseins hervor. Ganz im Gegensatz zum traditionellen Leistungs- und Kollektivbewußtsein der Industriearbeiterschaft tritt hier die Identifikation mit dem Inhalt der Arbeit gegenüber der Orientierung auf den außerbetrieblichen Lebens- und Konsumbereich zurück. Die Arbeit erscheint als Instrument des Lohnerwerbs, um Zwecke und Bedürfnisse außer der Arbeit zu realisieren. Einerseits belegen diese Forschungsergebnisse die offensichtliche Wirksamkeit jener Ideologien, die die wesentliche Bedingung der Klassenlage, die Stellung des Arbeiters im gesellschaftlichen Produktions- und Reproduktionsprozeß, aus dem Bewußtsein verdrängen und diese Beziehungslosigkeit durch ›Konsumglück‹ kompensieren. Die

Entfremdung des Arbeiters von seiner Tätigkeit, vom Produkt seiner Tätigkeit, von den kooperativen und hierarchischen Strukturen des Produktionsprozesses scheint hier in der Tat auf die Spitze getrieben. Andererseits belegen diese Ergebnisse aber auch, daß die Identifikation der Arbeiter mit der kapitalistischen Gesellschaftsordnung und dem System der herrschenden Ideologien äußerst begrenzt und labil ist. Die Arbeiter identifizieren sich nicht positiv mit dem Inhalt ihrer Tätigkeit und mit ihrer gesellschaftlichen Lage, sondern mit ihrem Lohn.«[49]

Somit ist die Lohnfrage gegenwärtig das zentrale Moment in der Auseinandersetzung des Proletariats mit dem Kapital. Die Geschichte der Klassenkämpfe in der Bundesrepublik zeigt, daß die Lohnarbeiter vorläufig nur dann kampfbereit sind, wenn ihr Lebensstandard in Frage gestellt wird. Dies ist dann der Fall, wenn die Lohnsteigerungen deutlich hinter dem gesamtwirtschaftlichen Wachstum zurückbleiben oder hohe Inflationsraten die Grundkosten der Haushaltsführung so verteuern, daß zum »eigentlichen« Leben nichts mehr übrig bleibt. Zum Lohnkampf kommt es allerdings nur in Extremfällen. Das reduzierte Kollektivbewußtsein der Lohnarbeiter und die Anstrengungen der Unternehmensleitungen, die einzelnen Arbeiter zu isolieren, forciert individuelle Lohnvereinbarungen. Grundsätzlich kann man drei Stadien der Kampfbereitschaft unterscheiden, die das Proletariat in seinem Arbeitsleben durchmacht. Sie sind von ökonomischen Gesetzmäßigkeiten bestimmt.

Der Jungarbeiter bis zu einem Alter von höchstens 30 Jahren zeichnet sich durch hohe Mobilität aus. Seine fixen Ausgaben sind relativ niedrig, sein Einkommen im Vergleich dazu relativ hoch. Aufgrund dessen gelingt ihm häufig der Erwerb von Statussymbolen, die für die realen Möglichkeiten der Arbeiterklasse a-typisch sind. Durch individuelle Verhandlungen beziehungsweise durch wiederholten Arbeitsstellenwechsel erreichen Jungarbeiter Schritt für Schritt eine immer größere Annäherung an die in ihrer Branche bezahlten Spitzenlöhne. Ohne Rücksicht auf langfristige Auswirkungen auf ihre Gesundheit verbessern sie überdies oft ihre Einkommenslage durch überdurchschnittliche Überstundenleistungen. Ihr allgemeines Interesse am Lohnkampf ist deswegen gering: Ohne durch Familienbindungen und Unterhaltssorgen für andere Menschen belastet zu sein, nähren sie zumindest die Illusion, daß ihnen die Flucht aus ihrer Situation noch möglich sei, indem sie sich selbständig machen oder für einige Zeit ausflippen.

Ganz anders sieht die Lage der Arbeiter von 30 bis 45 Jahren aus. Zwar erreichen sie die höchste Lohnquote, pro Kopf der Familie aber ist ihr Einkommen gering. Und das gerade in einer Zeit, in der aufgrund der Familiengründung und der Geburt mehrerer Kinder hohe Fixkosten und Investitionen zu tragen sind. Der alleinverdienende Arbeiter bringt in diesem Lebensabschnitt vermutlich die größte Kampfbereitschaft auf, wenngleich sie von seinen familiären Verpflichtungen gedämpft werden mag. Aufgrund geringer Mobilität und bereits erreichter Spitzenentlohnung stehen ihm kaum individuelle Möglichkeiten offen, seine Einkommenssituation zu verbessern. Und gleichzeitig trifft ihn die Verteuerung der Lebenshaltungskosten am stärksten, weil sich bei ihm zum Beispiel die Inflationsrate mit der Zahl der Familienmitglieder multipliziert. Aus all diesen Momenten resultiert eine relativ stabile Kampfbereitschaft der Arbeiter in diesem Lebensabschnitt, wenn sie einmal die Notwendigkeit zum Kampf erkannt haben.

Am schlimmsten ist die Situation für die alten Arbeiter. Sie laufen ständig Gefahr, ihre gewohnten Arbeitsplätze zu verlieren, auf ein Abstellgleis geschoben oder überhaupt entlassen zu werden. Den Großteil ihrer Arbeitskraft haben sie bereits verausgabt im Dienste des Kapitals, das deswegen an ihnen ein immer geringeres Interesse hat. Gleichzeitig nehmen allerdings die privaten Unterhaltssorgen ab. Die Kinder sind selbständig geworden und/oder die Frau konnte ihren Beruf wieder aufnehmen. Die Angst vor dem Verlust des Arbeitsplatzes reduziert die Kampfbereitschaft der Arbeiter in diesem Lebensabschnitt. Ihnen geht es primär darum, ihr Einkommensniveau zu halten und nicht zurückgestuft zu werden, um nach dem Ausscheiden

aus dem Arbeitsprozeß ihren Lebensstandard nicht auf ein Minimum reduzieren zu müssen.
Selbstverständlich trifft dieses Schema nicht auf jeden Einzelfall zu. Es zeigt sich aber, daß die überwiegende Orientierung der Lohnarbeiter an der Reproduktion ihre Kampfbereitschaft insofern beeinflußt, als sie für den Hauptinhalt des Klassenkampfes irrelevante Faktoren ins Spiel bringt, welche die Solidarität der Arbeiterklasse schwächen.
Da überdies, wenn gekämpft wird, der Kampf die Verbesserung der Lebenssituation in der arbeitsfreien Zeit zum Ziel hat, weisen die beispielsweise im Lohnstreik gemachten Erfahrungen nicht über sich hinaus. Vielmehr bricht die Solidarität zusammen, sobald annehmbare Kompromisse in der Lohnfrage erzielt sind. Das erschwert den prozeßhaften Aufbau des Klassenbewußtseins der Arbeiter, das »sowohl als Überwindung der bürgerlichen Ideologie als auch als organisierte Machtposition in den politischen und ökonomischen Auseinandersetzungen«[50] zu verstehen ist. Es ist ein Faktum, daß die tatsächliche Entfaltung des vom Proletariat initiativ geführten Klassenkampfes in den westeuropäischen Ländern an der Stärke der Kommunistischen Parteien abgelesen werden kann. Nur die Verankerung aller Kampfformen auf allen Ebenen der Auseinandersetzung in einem politischen Konzept, das die Machtübernahme der Arbeiterklasse zum Ziel hat, verleiht beispielsweise auch dem Lohnstreik klassenkämpferische Dimension. Voraussetzung dafür ist allerdings, daß die Streikziele nicht ausschließlich an Fragen der Reproduktion, sondern auch an Fragen der Arbeitssituation (Bandgeschwindigkeit, Akkordform usw.) orientiert sind. Die proletarische Partei ist vorausgesetzt, damit vereinzelte Arbeitskämpfe in die Kampferfahrung der Arbeiterklasse eingebracht werden. Ansonsten tragen sie den Charakter von Intermezzi, welche die Übereinstimmung der Lohnarbeiter mit ihrer Arbeits- und Lebenssituation bloß vorübergehend gestört haben. »Die mangelnde Identifikation mit der eigenen produktiven, gesellschaftlichen Tätigkeit, die durch den Zwangscharakter der kapitalistischen Produktion erzwungen wird, schafft die Illusion

von ›Freiheitsräumen‹ — im Haus, in der Familie, im Garten oder im Auto —, in denen die universelle Fremdbestimmung und Unselbständigkeit des Lohnarbeitsverhältnisses zu durchbrechen sei. Die Eigentums- und Freiheitsideologie außerhalb der Arbeit läßt aber nur den engen Spielraum der Wahl zwischen vorgefertigten Scheinalternativen der Konsumgüterindustrie und der Massenmedien zu und verdoppelt damit die Herrschaftsverhältnisse der industriellen Produktion — d. h. die erzwungene Anpassung an die Bedingungen der Kapitalverwertung und der Herrschaftssicherung.«[51]
Der Vorrang, welchen das Arbeiterbewußtsein der Reproduktion in ihrem Verhältnis zur Produktion zu geben scheint, macht eine eingehendere Auseinandersetzung mit der realen Ausformung der Reproduktionssphäre, insbesondere mit ihrer konkreten Organisation erforderlich. Es ist die These dieser Arbeit — wie schon gesagt wurde —, daß die Eigenart der Reproduktionssphäre im Kapitalismus die Entfaltung des Klassenbewußtseins behindert und daß dieser Bereich Ort der Produktion falschen Bewußtseins ist. Es geht nun um die Darstellung der Alltäglichkeit der diese im wesentlichen konstituierenden Organisationsformen und Zusammenhänge: »Im täglichen Leben liegt der rationelle Kern, das wirkliche Zentrum der Praxis.«[52]

IV

Die Organisationsform der Reproduktionssphäre

1. Das Alltagsleben

Das tägliche Leben ist nach Henri Lefebvre der Ort der gesellschaftlichen Praxis. Die Alltäglichkeit amalgamiert die in der theoretischen Erfassung heterogenen Elemente, Strukturen, Beziehungen. In der Vorstellung der Menschen vom alltäglichen Leben nimmt die Arbeit allerdings keinen Raum ein. Der Alltag meint vielmehr die in Fleisch und Blut übergegangenen, also nicht mehr reflektierbaren Organisationsmuster und Produktionsweisen, welche unaufhörlich repetiert werden zur materiellen und kulturellen Versorgung der Menschen. Diese so definierte Praxis der Menschen hat infrastrukturellen Charakter; wie die materielle Infrastruktur, das Bildungssystem usw. eine Produktionsvoraussetzung für das private Kapital darstellt, so ist die Alltäglichkeit eine Existenzvoraussetzung für das menschliche Sein.

Es ist ein Charakteristikum der privatkapitalistischen Herrschaftsform, daß sie darauf zielt, einen immer größeren Teil des menschlichen Seins als vorgegebene, nicht mehr individuell machbare Existenzvoraussetzung in der Infrastruktur, im »gesellschaftlichen«, also vom Kapital beherrschten materiellen und kulturellen Versorgungssystem zu verankern. Die Institutionalisierung der Massenunterhaltung im Programmfernsehen ist ein derartiger Akt. Im Gegensatz zum Film, dem Walter Benjamin mit Recht potentiell umwälzende Eigenschaften zuschrieb[53] und der noch mit Erfolg verkauft werden muß, hat sich das Fernsehen nicht mehr zu rechtfertigen. Die TV-Apparate werden aufgedreht, wenn man nichts besseres zu tun hat und sich unterhalten will, wie der Wasserhahn, wenn man sich waschen will oder Durst hat.

Das gleiche Phänomen hat Lefebvre festgemacht am Stilverlust, der die industriekapitalistische Gesellschaftsformation prägt: »Bei den Inkas oder den Azteken, in Griechenland oder in Rom kennzeichnete ein *Stil* die geringsten Kleinigkeiten: Gesten, Wörter, Werkzeuge, häusliche Gegenstände, Kleidung usw. Die alltäglichen häuslichen Gebrauchsgegenstände waren noch nicht in die Prosa der Welt gefallen. Die Prosa der Welt ließ sich nicht von der Poesie trennen. Unser tägliches Leben wird durch die Sehnsucht nach Stil charakterisiert, durch sein Fehlen und durch seine hartnäckige Verfolgung. Es hat keinen Stil, es gelingt ihm nicht, sich einen Stil zu geben, trotz der Anstrengungen, sich der alten Stile zu bedienen oder sich in den Resten und Ruinen und Erinnerungen dieser Stile einzurichten. Und zwar so, daß man *Stil* und *Kultur* unterscheiden, sogar einander gegenüberstellen kann. Die dem täglichen Leben gewidmete Sammlung verwischt und verwechselt die Begriffe dadurch, daß es die Spezifizität des Alltäglichen nach der Verallgemeinerung der Handels- und Geldwirtschaft, nach der Installation des Kapitalismus im 19. Jahrhundert nicht freilegt. Von da an und auf diese Weise wächst die Prosa der Welt, bis sie alles überfällt, die Gegenstände wie die Schriftstücke, bis die Poesie in ein Anderswohin gejagt wird.«[54]
Alltäglichkeit ist der Ausdruck für diese Entwicklung, das Abrutschen von Seinsweisen ins selbstverständliche, nicht mehr machbare und hinterfragbare materielle und kulturelle Versorgungssystem. Die Abwesenheit eines solchen Systems beziehungsweise die Notwendigkeit, alle Lebensbereiche selbst zu gestalten, kennzeichnen hingegen vorkapitalistische Gesellschaftsformationen. Die von Lefebvre so genannte Gleichzeitigkeit von Prosa und Poesie, der Stil, ist Ausdruck der Selbstgestaltung des Lebens und eines naturwüchsigen Verhältnisses zwischen Mensch und Ding. Dabei wäre aber näher zu untersuchen, ob nicht eine gewisse Einheitlichkeit des Stils und zumindest regional wirksamer Stiltraditionen Mittel der Herrschaftssicherung vorkapitalistischer Gesellschaftsstrukturen repräsentieren.

Bis nach dem Zweiten Weltkrieg immer häufiger Horden von Antiquitätensammlern über die ländlichen Anwesen hereingefallen sind, haben sich die Bauern einen reinen Gebrauchswertstandpunkt ihren ererbten und selbstverfertigten Geräten gegenüber erhalten. Der Stil, auf den es den Sammlern ankam, war für die Besitzer der Geräte gar nicht wahrnehmbar, weil er ein selbstverständliches Element ihrer Herstellung und Gestaltung war. Eine ähnliche Selbstverständlichkeit hat heute die materielle und kulturelle Versorgung als Infrastruktur. Nur der Ausfall solcher Versorgungssysteme macht ihre Bedeutung und unsere Hilflosigkeit offensichtlich, ohne sie zurecht zu kommen. Diese Selbstverständlichkeit, mit der sich die Menschen auf derartige Existenzvoraussetzungen verlassen, festigt ihre Abhängigkeit vom herrschenden politischen und wirtschaftlichen System. Einerseits spannt es die Menschen immer intensiver und umfassender in den Kapitalverwertungszusammenhang ein und andererseits beschränkt es fortwährend den Spielraum für alternative Konzeption. Lefebvre unterstellt, daß jede Niederlage der revolutionären Arbeiterbewegung mit der Zunahme dieses Drucks verbunden ist. Er lenkt die Aufmerksamkeit auf »die Einrichtung und Verfestigung der Alltäglichkeit, die zeigen würde, wie sich das Alltägliche seit mehr als einem Jahrhundert mit dem Mißerfolg jedes revolutionären Versuchs kristalliert. Von diesem Mißerfolg ist es Wirkung und Ursache. Ursache, weil es Hindernis, Deich, Brückengeländer ist; um es herum organisiert sich die gesellschaftliche Existenz nach jeder Erschütterung neu. Wirkung: nach jedem Mißerfolg (der schwerste war der nach der Libération) ziehen sich der Druck und die Zwänge enger zusammen.«[55]

Lefebvre definiert somit die Alltäglichkeit als den Ort gesellschaftlichen Gleichgewichts. Zur Aufrechterhaltung dieses Gleichgewichts ist allerdings der dauernde Ausbau materieller und kultureller Versorgungssysteme erforderlich. Immer mehr Lebensbereiche müssen den selbstverständlichen Existenzvoraussetzungen untergeordnet werden, die dann freilich ständig bereitzustehen haben. Mit dem zunehmenden Umfang der ma-

teriellen und kulturellen Versorgungssysteme steigt ihre Krisenanfälligkeit, das Risiko aufgrund erhöhten labilen Gleichgewichts nimmt zu. In Krisensituationen wird damit die Bedrohung des herrschenden Systems aus seinen eigenen Voraussetzungen heraus immer größer. Und schon jetzt — bei relativer Stillegung des Klassenkampfes von unten nach oben — zeigen die Krisenerscheinungen in Bereichen wie Umwelt, Bildung, Verkehr, Sozialfürsorge, Kriminalität usf. das zunehmende Versagen kapitalistischen Krisenmanagements. »Als der Ort des Gleichgewichts ist es (das Alltagsleben — L. H.) auch der Ort, wo sich die bedrohenden Gleichgewichtsstörungen zu erkennen geben. Wenn die Leute in der so analysierten Gesellschaft nicht mehr ihre Alltäglichkeit leben können, dann beginnt die Revolution. Nur dann. Solange sie das Alltägliche leben können, rekonstruieren sich die alten Verhältnisse.«[56]
Im Konstrukt der Alltäglichkeit scheint somit die Produktion falschen Bewußtseins verankert zu sein. Um diesen Zusammenhang freilegen zu können und revolutionäre Strategien daraus abzuleiten, ist es erforderlich, die in der kapitalistischen Gesellschaft herrschende Alltäglichkeit zu strukturieren und zu analysieren. Das soll im Folgenden versucht werden.

2. Die Stadt

Es besteht ein enger Zusammenhang, eine gegenseitige Abhängigkeit zwischen der Entwicklung der industriekapitalistischen Produktion und der Urbanisierung. »Mit der Stadt ist zugleich die Notwendigkeit der Administration, der Polizei, der Steuern usw., kurz des Gemeindewesens und damit der Politik überhaupt gegeben. Hier zeigte sich zuerst die Teilung der Bevölkerung in zwei große Klassen, die direkt auf der Teilung der Arbeit und den Produktionsinstrumenten beruht. Die Stadt ist bereits die Tatsache der Konzentration der Bevölkerung, der Produktionsinstrumente, des Kapitals, der Genüsse, der Bedürfnis-

se, während das Land gerade die entgegengesetzte Tatsache, die Isolierung und Vereinzelung, zur Anschauung bringt.«[57]
Die Stadt der kapitalistischen Gesellschaft ist beredter Ausdruck der Plan- und Ziellosigkeit, die das Prinzip der Privatwirtschaft kennzeichnen. Die Stadt ist Ort der gesamtgesellschaftlichen Krisen, welche quer durch die Klassenunterschiede alle Menschen zu treffen scheinen und dadurch den Gegensatz von Lohnarbeit und Kapital verwischen. Die Stadt ist ein Resultat des privatkapitalistischen Verwertungsprozesses, aber nur indem sie sein zufälliges Abfallprodukt darstellt. Unter den herrschenden Bedingungen ist die rationale Organisation der Stadt, der urbanen Gesellschaft ausgeschlossen. Dennoch ist die Stadt adäquate Siedlungsform und notwendige Bedingung der hochentwickelten industriekapitalistischen Gesellschaftsformation. Als Infrastrukturagglomerat bildet sie die Voraussetzung der industriellen Produktion: Sie umfaßt das Ensemble aller gesamtgesellschaftlich finanzierten Einrichtungen, die das private Kapital für seine produktive Anlage voraussetzt. Als soziales Bezugssystem gibt die Stadt hingegen den Rahmen ab für die Reproduktion der Menschen: In ihr vollzieht sich die materielle und kulturelle Versorgung des Proletariats.
Beide Faktoren — Produktionsvoraussetzungen des Kapitals und Existenzvoraussetzungen der Menschen — also der Gegensatz zwischen wirtschaftlichen Erfordernissen und menschlichen Bedürfnissen — machen die Stadt aus. Der Widerspruch wird in der herrschenden Gesellschaft zugunsten der privaten Kapitalinteressen entschieden. Das heißt, daß das Wachstum und die Organisation der Stadt sowie die Formierung des in ihr verorteten alltäglichen Lebens der Entwicklungslogik der privatkapitalistischen Wirtschaft gehorchen. Als Organisationsform der kapitalistischen Herrschaft spiegelt die Stadt wesentliche Strukturen dieser Herrschaft wieder.
Das Paris von Baron Haussmann ist der beredte Ausdruck für die unmittelbare Brutalität kapitalistischer Herrschaftssicherung. »Haussmanns Boulevards und Avenuen verbanden die Bahnhöfe mit den zu verteidigenden Objekten und den bekannten

potentiellen Widerstandsnestern. Die revolutionären Arbeiterquartiere wurden außerdem durch Straßen zerschnitten, deren Breite so bemessen war, daß in ihnen möglichst keine Barrikaden errichtet werden konnten. Einer weiteren, ebenfalls gegen die Errichtung von Barrikaden zielenden Anordnung Haussmanns zufolge wurden die neuen Straßen asphaltiert und nicht mit Steinen gepflastert. Die Breite der Straßen richtete sich außerdem nach den damals üblichen Gefechtsformationen des Militärs: es sollte im Fall einer Revolte ungehindert attackieren können. Die Straßen wurden schnurgerade angelegt, damit die Artillerie freies Schußfeld hatte und möglichst wenig Immobilien zerstört werden mußten; diese waren ja das Eigentum jener Klasse, zu deren Schutz die Stadt Paris umgebaut wurde.«[58]

Ein gegenläufiges Beispiel sind die Gemeindebauten der Stadt Wien aus den 20er Jahren. Die Planung bezog sich dabei nicht auf das einzelne Wohnhaus, um erst danach diese Einheiten nach beliebigen ästhetischen Kriterien zu gruppieren. Vielmehr war der architektonische Bezugspunkt von vornherein die gesamte Wohnanlage. Sie sollte ein geschlossenes Ganzes ergeben, um die Macht der Arbeiterklasse zu symbolisieren. Dafür exemplarische Bauten wie der Karl-Marx-Hof in Wien-Döbling stellen weitläufige Trutzburgen mit hervorragenden Verteidigungsbedingungen dar. Der Zugang zu den Wohnanlagen, die weite, miteinander verbundenen Höfe umschließen, ist nur durch wenige Tore möglich. Diese können rasch und wirkungsvoll mit schweren Gittertoren aus Stahl verschlossen werden. Die eigentlichen Zugänge zu den Wohnungen, die einzelnen »Stiegen«, gehen daher nicht auf die Straße oder auf nicht umbauten Raum, sondern münden in die Höfe, welche mit Ruhebänken, Kinderspielplätzen und Gemeinschaftseinrichtungen ausgestattet sind, also Orte von Teilöffentlichkeiten darstellen. Die Verteidigung der Tore wird durch Vorsprünge und Erker erleichtert, die relativ geschützte Stellungen bieten.

Und tatsächlich waren die Gemeindebauten die Stützpunkte der revolutionären Arbeiter Wiens beim Schutzbund-»Aufstand«

im Jahre 1934, der gegen das austrofaschistische Regime von Dollfuß gerichtet war. Die Anlage der großen Wohnhöfe im Bereich von alten Wohnvierteln erhöhte ihre Bedeutung, weil sie auch Arbeitern aus den »Zinskasernen« Schutz bieten konnten. Die bewaffneten Arbeiter wurden vom österreichischen Bundesheer niederkartätscht; die strategische Bedeutung der damaligen Gemeindebauten war dennoch eine Voraussetzung dafür, daß sich das Proletariat überhaupt formieren konnte.
Heute wird Wien zwar nach wie vor von einer starken sozialdemokratischen Mehrheit regiert, doch hat man sich inzwischen für eine ganz andere Architektur der Gemeindebauten entschieden. Die neuen Wohnanlagen bestehen aus einer Aneinanderreihung frei stehender Wohnhäuser. Sie sind nicht untereinander verbunden, jede Stiege führt in nicht umbauten Raum. Diese Architektur leistet nicht Verteidigern, sondern Angreifern Vorschub. Die neuen Anlagen werden nicht in alte Wohnviertel einbezogen, sondern weit draußen an den Stadtrand verlegt.
Die Tendenz zur Stadterweiterung spiegelt negativ ein Resultat der fortschreitenden kapitalistischen Entwicklung wider: die Arbeitsteilung. In ihrer Projektion auf die Stadtentwicklung verliert dieses Moment der gesellschaftlichen Entfaltung jeden fortschrittlichen Charakter, indem es die verschiedenen Lebensbereiche der Menschen voneinander trennt. Die Diskussion der Stadtplaner über den Vorrang von Stadterweiterung und Stadtsanierung ist akademisch. Wie die Sanierungsmaßnahmen in den Slums der USA exemplarisch belegen, kommt es dabei zum Austausch der Wohnbevölkerung dieser Gebiete. Die hohen Sanierungskosten und die meist attraktive Lage machen die Wohnungen in den restaurierten oder neu gebauten Häusern unerschwinglich für die alten Bewohner. Somit wird die Arbeiterklasse in unseren Städten tendentiell auf jeden Fall an den Stadtrand verbannt; die Stadterweiterung, der Bau von Schlafstädten wird zur Bedingung des sozialen Wohnungsbaues.
Die heutige Urbanität reproduziert die Arbeitsteilung und die Trennung der Produktion und Reproduktion in Form der Segmentierung der städtischen Funktionen: Arbeiten und Wohnen,

Kommunikation und Unterhaltung, Versorgung und Freizeit spielen sich auf getrennten, örtlich oft weit voneinander entfernten Ebenen ab. »Das Bewußtsein der vereinzelten Abhängigen beherzigt die Ordnungsgebote der Arbeitsteilung, die sich als Wohnordnung manifestieren. Seinem Selbstverständnis zufolge ist der Einzelne gleichermaßen als Berufsausübender wie als Privatmann institutionalisiert; er sieht sich in zwei zeitlich und räumlich geschiedenen Erscheinungen, verklammert allein durch personale Identität. Sein geteiltes Bewußtsein erlaubt dem Einzelnen und zwingt ihn, seine beruflichen Überzeugnugen und Denkmodelle von seiner Privatmeinung zu differenzieren, als gehörten sie wirklich zwei verschiedenen Menschen zu, obschon die beruflichen Überzeugungen die Privatmeinung lenken, ohne daß der Einzelne es gewahrte.«[59]
Diese Abtrennung der einzelnen Lebensbereiche ist aber gleichzeitig vorausgesetzt, damit die fortschreitende Zentralisation und Konzentration des Kapitals vom Verteilungssystem, also von Groß- und Kleinhandel, und von den verschiedenen Dienstleistungsbranchen nachvollzogen werden kann. Im Lebensmitteleinzelhandel hat beispielsweise nur der Verbrauchermarkt wirklich Zukunft. Alle anderen Verkaufsformen haben auf kurz oder lang keine Chance, die steigende Produktivität der Industrie in ihrem Bereich durch eine fortlaufende Erhöhung des Umsatzes pro Verkaufskraft auszugleichen. Diese Tendenz zur Konzentration in allen Sektoren des Einzelhandels, der Reparatur- und Service- sowie der persönlichen Dienstleistungen kann abgelesen werden an der Auflösung der Nahversorgungssysteme, dem Verschwinden von Krämern, Handwerkern, Gaststätten usw. aus dem Wohnnahbereich. Dadurch gehen Teilöffentlichkeiten verloren, die zur Kommunikation der Menschen unerläßlich sind, beziehungsweise werden sie immer stärker auf die Isolation und Atomisierung in der Kleinfamilie zurückgeworfen.
Die Anordnung der verschiedenen urbanen Funktionen auf eigenen Ebenen bringt es auf der anderen Seite mit sich, daß die möglichst rasche Verbindung zwischen diesen einzelnen Berei-

chen zum Kriterium für die Effektivität der Großstadt und für ihre weitere Entwicklung wird. »Eine Stadt ist heute nicht mehr durch die Menge und Imposanz ihrer Häuser definiert, sondern durch die Menge und das Tempo des in ihr stattfindenden Transports und der sonstigen Individual- und Massenkommunikationen.«[60] Der Ausbau der Verkehrswege und der gesamten Massenkommunikation verstärkt seinerseits wieder die Entflechtung der städtischen Lebensbereiche, zertrennt und zerstükkelt die gesamte Stadt und ehemals geschlossene Stadtviertel nun auch äußerlich; opfert die Bewohnbarkeit und die Lebensqualität der urbanen Landschaft der umständlichen Vermittlung der vorher auseinanderdividierten Funktionsbereiche. Auf Kosten der menschlichen Bedürfnisse haben die Verwertungsinteressen des Kapitals Vorrang.

Vom Gesamtzusammenhang der kapitalistischen Gesellschaft aus betrachtet, ist die Stadt ein Reflex der kapitalistischen Entwicklung. Somit muß die Entwicklungslogik des Kapitals im wesentlichen auch das Wachstum und die Umgestaltung der modernen Städte bestimmen. Diese Entwicklungslogik weist zwei hervorragende Kriterien auf:

1. Die fortlaufende Konzentration und Zentralisation des Kapitals.
2. Die fortschreitende Vergesellschaftung der industriellen Arbeit, welcher aber aufgrund der Trennung von Produktion und Reproduktion, die vorausgesetzt ist zur Vermarktung der Waren, eine immer stärkere Isolation und Atomisierung der Menschen in ihrer arbeitsfreien Zeit gegenüber steht.

Es ist nun zu überprüfen, ob die beiden Kriterien tatsächlich auf die gegenwärtige und perspektivische Gestaltung der kapitalistischen Stadt zutreffen. Da es in dieser Arbeit primär um die Stadt als soziales Bezugssystem geht und nicht so sehr um die Stadt als Gesamt der kapitalistischen Produktionsvoraussetzungen, wird der Beweis anhand der Systeme geführt, die für die materielle und kulturelle Versorgung der Menschen relevant sind.

3. Materielle Versorgung

Die unmittelbare Reproduktion der Arbeitskraft erfolgt in der kapitalistischen Gesellschaft nach wie vor in der Familie; sie ist Gegenstand der privaten Hauswirtschaft. Speisenherstellung, Kleider- und Wohnungspflege, Körperhygiene usw. setzen aber umfangreiche und differenzierte Verteilungs- und Versorgungseinrichtungen voraus, damit die Haushalte an die dazu vorausgesetzten privatwirtschaftlichen Güter und Dienstleistungen auch tatsächlich herankommen. Die konkrete Ausformung des Versorgungssystems, das einem Haushalt zur Verfügung steht, wird in der Regel eine Mischung zwischen den beiden extremen Möglichkeiten darstellen: entweder unmittelbare Versorgung mit den lebensnotwendigen Gütern zum Zeitpunkt des täglichen Gebrauchs aus einem Nachbarschaftsladen oder Anlage von Vorräten im Haushalt durch planmäßige Beschaffung in zeitlich relativ weit auseinander liegenden Abständen.[61]

Die tatsächliche Lage des materiellen Versorgungssystems kann nur aus der Situation des Einzelhandels und seinen Entwicklungstendenzen abgelesen werden. Stichhaltige Kennzahlen über die eigentlichen Bedürfnisse der Menschen können nicht ermittelt werden. Das Einkaufsverhalten paßt sich vielmehr notwendigerweise den vorfindlichen Möglichkeiten an. Die Struktur des Versorgungssystems im Kapitalismus richtet sich grundsätzlich nicht nach den Bedürfnissen der Menschen, sondern nach der Logik der kapitalistischen Entwicklung und des kapitalistischen Verwertungsinteresses. Der Zwang zur Anpassung geht daraus hervor, daß zum Beispiel 42,6 Prozent der Haushalte täglich einkaufen, wenn Einkaufsquellen für die Versorgung mit Lebensmitteln im Wohnnahbereich vorhanden sind; ist das nicht der Fall, so sinkt aus Zeiterspranisgründen diese Frequenz auf 28 Prozent ab. Es ist selbstverständlich, daß darunter die Versorgung der Menschen mit Frischlebensmitteln leidet.

Die reale Versorgung der Haushalte ist aber ein Reflex der gesamten wirtschaftlichen Entwicklung. Das Handelskapital, welches die Konsumgüterproduktion mit den Konsumenten verbindet, ist selbst nicht produktiv. Wert und Mehrwert eignet sich das industrielle Kapital an. Da es aber zur Verwertung der Warenproduktion auf den Handel angewiesen ist, muß es sich mit ihm in den Profit teilen. An diesem Punkt kommt es zum Interessengegensatz zwischen Industrie- und Handelskapital, zur Auseinandersetzung um die Größenordnung des Profitabschnitts, den letzteres einsacken darf. Das Resultat hat nichts mit dem guten Willen der beiden Seiten zu tun — dieser verkörpert sich bestenfalls in der durchschnittlichen Profitrate, welche von Kapital jeder Art erzielt werden muß, damit es seine spezifische Aktivität aufrecht erhält —, sondern mit ihren realen Machtpositionen im wirtschaftlichen Gesamtzusammenhang. Die Monopolisierung der Lebens- und Genußmittelproduktion nach dem Zweiten Weltkrieg, der Siegeszug der Markenartikelbranchen und der direkte Zugang der Produzenten zu den Konsumenten, wie ihn die massenmediale Werbung eröffnet hat, haben die Position der Industrie gegenüber dem Groß- und Kleinhandel ungeheuer gestärkt. Dem Handelskapital steht nicht mehr die Wahl offen zwischen den Produkten konkurrierender Unternehmen. Vielmehr muß es einkaufen, was die Kundschaft verlangt, deren Verlangen von der Werbung geweckt ist; und zwar muß es zu den Bedingungen einkaufen, welche der Monopolist diktiert.

Das Diktat der industriellen Monopole dem Handelskapital gegenüber ist ein Resultat der Konzentration und Zentralisation in der Industrie. Das im Distributionsbereich arbeitende Kapital ist daher gezwungen, selbst einen Konzentrations- und Zentralisationsprozeß zu durchlaufen. Der Zusammenschluß in Kettenorganisationen war die entsprechende Antwort des Groß- und Kleinhandels. Die Dachorganisationen der zum Teil genossenschaftlich verbundenen Ketten stützten sich auf die wirtschaftliche Macht zahlreicher Großhändler und tausender traditioneller Lebensmittelgeschäfte. Dadurch konnten bessere Handelsbedingungen erzielt werden, was schließlich nahezu alle Detaillisten im Lebensmittelkleinhandel dazu bewog, ihre Selb-

ständigkeit aufzugeben. Das war die Voraussetzung für die tendentielle Aufhebung der ungleichzeitigen und ungleichmäßigen Entwicklung der Kapitalverwertungsbedingungen im Lebensmitteleinzelhandel.
Die Kettenorganisationen wie Spar und A & O haben längst ihren genossenschaftlichen Deckmantel abgelegt und fungieren als zentralistisch geführte Handelskonzerne. Das Management stellt die Umsatzkennziffern auf, welche erreicht werden müssen, damit den ehemals selbständigen Krämern nicht der Hahn abgedreht wird. Bei diesen Überlegungen spielt die Erkenntnis eine Rolle, daß im Kapitalismus das wirtschaftliche Wachstum eng mit der Konzentration verbunden ist. Die Pläne selbst noch genossenschaftlich organisierter Ketten laufen auf eine dementsprechend rasche Zentralisation hinaus: »Bereits nach kräftigen Fusionen regionaler Art noch immer in 18 Genossenschaften mit einem Durchschnittsumsatz von 130 Millionen Schilling und in 3000 Detailläden mit einem Durchschnittsverkauf von 2,7 Millionen Schilling zersplittert, wartet auf die Adeg noch ein enormes Reorgansationsprogramm: Auf der Großhandelsebene (= Genossenschaftsebene) wird eine Größenordnung von 300 bis 500 Millionen Schilling angestrebt, die Detailläden sollen zwischen fünf und 20 Millionen Schilling Jahresumsatz liegen. Um diesen Status zu erreichen, will sich die Adeg selbst auf sieben bis neun Genossenschaften dezimieren und die Zahl der Einzelläden auf 2200 drücken.«[62]
Es existieren aber noch weitere wirtschaftliche Hebel, die die Um- und Neuorganisation des Handels und damit der materiellen Versorgung der Menschen erzwingen. Ein solcher Hebel ist das Produktivitätswachstum in der industriellen Produktion. Über die gesamtgesellschaftliche Erhöhung der Arbeiter- und Angestellteneinkommen führt sie zu einer Verteuerung der Lohnkosten für das Handelskapital, wenn dieses nicht in der Lage ist, durch Rationalisierung die Umsatzziffern je Arbeitskraft adäquat zu steigern. Dieses Ziel kann jedoch nur durch verstärkten Kapitaleinsatz, die Ausdehnung der Verkaufsflächen und neue Verkaufsformen wie die Selbstbedienung er-

reicht werden. »Dieses Wachstum der Handelsunternehmen (in der BRD — L. H.) vollzog sich jedoch nicht in der Weise, daß alle Betriebsfaktoren proportional erweitert wurden. Für den Einzelhandel ist das besonders deutlich nachzuweisen: Der Personalstand wurde weit weniger stark ausgeweitet als die Verkaufsfläche, die Geschäftsausstattung und der Warenbestand. So nahm zum Beispiel die Verkaufsfläche je Mitarbeiter in einem der größten Warenhausunternehmen der Bundesrepublik zwischen 1961 und 1969 von 7,5 auf 10,8 Quadratmeter, also um 44% zu. ... Nach Ermittlungen des Kölner Instituts für Handelsforschung stieg das Anlagevermögen des Einzelhandels in den Jahren von 1954 bis 1967 von 6,3% des Umsatzes auf 8,1%; der Wert der Geschäftsausstattung, der Transporteinrichtungen und der maschinellen Anlagen nahm im gleichen Zeitraum von 2,5 auf 3,3% zu. In den großen Warenhausunternehmen waren im Jahre 1950 ungefähr 11 000 DM (Summe der Bilanzaktiva), zehn Jahre später mehr als 15 000 DM je Mitarbeiter investiert. Im Jahre 1970 wird der Betrag ungefähr bei 28 000 DM liegen. Aus der Bilanz eines Unternehmens läßt sich entnehmen, daß die technischen Anlagen in Gebäuden ungefähr 32% des bilanzierten Warenbestandes (von 1969) und die Betriebs- und Geschäftsausstattung 34% dieses Wertes ausmachen.«[63]

Es ist offenkundig, daß mit dieser Entwicklung der traditionelle Kleinhandel nicht Schritt halten kann. Selbst die Kettenorganisationen werden von branchenfremden Kapitalgruppen, welche in den Lebensmitteldetailhandel eindringen und Filialorganisationen gründen, an die Wand gespielt. Dieser Druck wird noch durch einen weiteren wirtschaftlichen Hebel verstärkt. Das ständige Wachstum und die fortlaufende Differenzierung der Markenartikelproduktion erzwingt von sich aus eine enorme Ausdehnung der Verkaufsflächen und in Verbindung mit der massenmedialen Werbung, deren Effektivität den direkten Zugriff der Käufer zur Ware voraussetzt, den Einsatz der Selbstbedienung als einzig akzeptable Verkaufsform. Daß wir auch hier erst am Beginn einer rasch sich verstärkenden Entwicklung stehen, belegt die folgende Äußerung eines gewiß unverdächtigen Zeugen: »... explosiv sich erweiternde, differenziertere und sich wandelnde Sortimente drängen zum Markt. (Bis 1980 werden voraussichtlich allein im Sektor Lebens- und Genußmittel 10 000 bis 12 000 neue Artikel auf den Markt kommen.) Sie erfordern größere Verkaufseinheiten wie Großraumlänen, Supermärkte und SB-Warenhäuser mit wachsender Anlagen- und Kapitalintensität. Der daraus resultierende Zwang zur Umsatzkonzentration verschärft den Wettbewerb (eine gewagte Feststellung, in Anbetracht der Absprachen interessierter Kapitalgruppen bei der Gründung von Verbrauchermärkten zum Beispiel — L. H.). ... Diese Entwicklung wird den gewaltigen Prozeß der Kooperation und Konzentration im Unternehmensbereich in einem bisher noch nicht völlig abzusehenden Ausmaß weiter vorantreiben.«[64]

In den Klartext übersetzt heißt das, daß die Überlebenschancen des traditionellen Kleinhandels in praktisch allen Bereichen rapide abnehmen. »Jeder Kettendetaillist, dessen Geschäft jetzt noch der Durchschnittsgröße aller Ketten-Läden (80 Quadratmeter Verkaufsfläche) entspricht, wird in den nächsten Jahren vor der Alternative ›Friß Vogel oder stirb!‹ stehen. Der A & O-Geschäftsführer Babits etwa erwartet, ›daß schon bald 150 Quadratmeter notwendig, 400 Quadratmeter aber ideal‹ sein werden, der Adeg-Vorstands-Obmann Thalhammer will in den nächsten fünf Jahren eine Ausrichtung seiner Läden auf 200 bis 500 Quadratmeter Verkaufsfläche erreichen.«[65]

In den urbanen Ballungsräumen dürften indessen wesentlich komplexere und aufwendigere Verkaufsformen den Rahm abschöpfen: Großraumläden, Verbrauchermärkte und SB-Warenhäuser. Diese Detailhandelsformen sind für die Markenartikelindustrie unerläßlich, um zeitweilige Überproduktion rasch und in großen Quantitäten auf den Markt werfen und neue Artikel dem Publikum zielführend ans Herz, also in die Einkaufstasche legen zu können. Durch besonders günstige Konditionen wird die Entfaltung dieser Distributionsformen von der Industrie kräftig gefördert, während der traditonelle Lebensmittelkleinhandel einem immer stärkeren Druck ausgesetzt ist: »Das Hauptproblem, mit dem sich das Bundesgremium im Jahre 1969 befaßt hat, stellte die radikale Verschärfung der Wettbewerbssituation durch das verstärkte Auftreten von Diskontbetrieben und Verbrauchermärkten dar. Eine Analyse dieser Situation ergab, daß einerseits durch die Auffächerung der Mengenrabattstaffeln und andererseits durch die Gewährung von Sonderkonditionen an die neuen Vertriebsformen im Lebensmittelkleinhandel eine Existenzgefährdung des traditonellen mittelständischen Lebensmittelkleinhandels gegeben ist.«[66] In Österreich wurde zwischen 1970 und 1972 eine Verdoppelung der Zahl von Super- und Verbrauchermärkten festgestellt. Nach einer Faustregel dieser Branche wirft ein Supermarkt fünf bis zehn, ein Verbrauchermarkt 25 bis 30 Kleinhändler aus dem Geschäft. Von 1971 auf 1972 wurden auch tatsächlich 1300 derartiger Läden geschlossen. Gleichzeitig wird damit gerechnet, daß die Steigerung des Gesamtumsatzes der Branche von 50 auf 70 Milliarden Schilling mit einem Rückgang der Geschäftszahl um die Hälfte verbunden sein wird. Bedenkt man noch, daß derartige Rationalisierungsmaßnahmen nur in städtischen Ballungszonen zur Anwendung kommen, also in den genannten Zahlen die auch weiterhin unveränderte Lage im ländlichen und kleinstädtischen Raum berücksichtigt ist, ergibt sich erst ein richtiges Bild des Konzentrations- und Zentralisationsprozesses, den der wichtigste Sektor der materiellen Versorgung eben durchmacht und noch weiter durchmachen wird. (Daß der Großteil der angeführten Zahlen auf Österreich Bezug nimmt, spielt für das Ergebnis der Darstellung keine Rolle. Die dargelegte Entwicklung trifft alle Industrieländer gleichermaßen. In der BRD ist der Prozeß allerdings weiter vorangeschritten als in Österreich, das für gewöhnlich hinter seinem »deutschen Nachbarn« herhinkt.) Der Konzentrations- und Zentralisierungsprozeß des Kapitals bemächtigt sich also auch des Versorgungssystems. Innerhalb des herrschenden Systems ist das ein logischer und notwendiger Vorgang, der auch durch kommunalpolitische Interventionen nicht behindert werden kann. Dabei ist aber gleichzeitig offenkundig, daß das Kapital seine Interessen rücksichtslos gegenüber den menschlichen Bedürfnissen durchsetzt. Dieser Zusammenhang wurde am Beispiel des Lebensmittelhandels dargestellt, weil er die bedeutendste Versorgungsfunktion für die Reproduktion der Arbeitskraft erfüllt. Ähnliche Beobachtungen kann man Tag für Tag auf der Straße machen — auch für andere Handelsgruppen und Dienstleistungsbranchen.

Die Konzentration und Zentralisation der materiellen Versorgungssysteme mit privatwirtschaftlich erzeugten Gütern und Dienstleistungen hat konkrete Auswirkungen auf die architektonisch-räumliche Gestaltung und Gliederung der Großstadt. Sie treibt die Trennung und Zerteilung der urbanen Funktionen weiter voran. Die tendentielle Zusammenfassung der Einkaufsmöglichkeiten in eigene Zentren führt zur Auflösung der Nahversorgungssysteme: Das verfilzte Konglomerat von Läden und Handwerksbetrieben aller Art wird dem Wohnnahbereich ausgegliedert. Die neu entstehenden Einkaufszentren liegen hingegen oft weit entfernt von den Wohngebieten ihrer Kundschaft am Stadtrand oder an Autobahnkreuzungen. Dabei wird die Standortwahl also nicht mehr von der Wohndichte, sondern von der Verkehrslage und möglichen künftigen Planungsgewinnen bestimmt. Diese Einkaufszentren werden somit zu zusätzlichen Verkehrserregern und tragen dazu bei, die Entwicklung der Städte gegen die Bedürfnisse ihrer Bewohner weiter voranzutreiben.

Dieser Zentralisationsprozeß verstärkt gleichzeitig die Trennung zwischen gesellschaftlicher Produktion und isolierter Reproduktion der Menschen. Die privaten Haushalte werden durch das neue Versorgungssystem zur Vorratswirtschaft gezwungen. Insbesondere berufstätige Hausfrauen haben nach der Arbeit nicht die Zeit, die außerhalb ihres Wohnumfeldes gelegenen Einkaufsmöglichkeiten in Anspruch zu nehmen. Vorratseinkäufe zum Wochenende werden damit zur Notwendigkeit. Die Vorratshaltung im Haushalt erfordert aber wieder mehr Platz in der Wohnung und die Anschaffung größerer Gefrierschränke, den Kauf von Tiefkühltruhen und die Herstel-

lung von Stapelregalen. Die zunehmende Vergesellschaftung in der Produktion kommt den Lohnarbeitern in ihrer arbeitsfreien Zeit nicht zugute. Der Zeitaufwand für die Versorgung des Haushalts nimmt vielmehr zu. Die Ausklammerung der Einkaufsstätten aus dem Wohnnahbereich verstärkt die Isolation der Familien, weil damit auch eine Grundlage für die Aufnahme sozialer Kontakte verloren geht.
Der Trennung von Produktion und Reproduktion tritt damit ein immer stärkerer Gegensatz von gesellschaftlicher und privater Sphäre der Menschen zur Seite. Während aber beispielsweise eine fortgesetzte Entflechtung, ein Trend zur Einfachfunktion der (gesellschaftlichen) Versorgungsbereiche zu Tage tritt, werden die Aufgaben immer umfangreicher und die Bedürfnisse immer komplexer, welche die Familie (privat) zu erfüllen und zu befriedigen hat. Die materielle Versorgung ist eine Voraussetzung für diejenigen produktiven Tätigkeiten, welche die Reproduktion der Arbeitskraft zum Inhalt haben; das Versorgungssystem ist somit eine Produktionsvoraussetzung der privaten Hauswirtschaft. Im Vergleich zur industriellen Produktion stellt sie eine urtümliche Organisationsform der Arbeit dar. Es ist aber bezeichnend für das herrschende System, daß gerade ihr die Wiederherstellung der im vergesellschafteten Produktionsprozeß ausgebeuteten und sich verausgabenden Lohnarbeiter überlassen wird.
Der bürgerliche Soziologe Hans Paul Bahrdt definiert die Stadt folgendermaßen: »Eine Stadt ist eine Ansiedlung, in der das gesamte, also auch das alltägliche Leben die Tendenz zeigt, sich zu polarisieren, d. h. entweder im sozialen Aggregatzustand der Öffentlichkeit oder in dem der Privatheit stattzufinden.«[67] Für die Alltäglichkeit bedeutet das aber kein sowohl-als-auch, sondern die Beschränkung der Lohnarbeiter in ihrer arbeitsfreien Zeit auf die Privatsphäre. Bereits hier erweist sich der Begriff der Öffentlichkeit als ideologisch. Er beansprucht allgemeine Relevanz; tatsächlich ist diese Öffentlichkeit aber nur ein Zusammenspiel von Markt und Vermarktung der herrschenden

Meinungen, die allemal Meinungen der herrschenden Klasse sind.
Die Veränderung des Versorgungssystems verwandelt das tägliche Leben der Menschen. Der Ausklammerung der Nahversorgung aus dem Wohnumfeld entspricht der Rückzug der Privatsphäre — aus ihrer teilweisen Auflösung im sozialen Umfeld von Teilöffentlichkeiten — hinter Schloß und Riegel der eigenen Wohnung. Der Alltag der Menschen drängt sich immer enger im Haushalt und in der Familie zusammen. Dieser Befund ist aber erst komplett, wenn er auch durch eine entsprechende Analyse der kulturellen Versorgung der Menschen gestützt werden kann. Die wesentlichen Strukturen dieses Aspekts sollen im Folgenden herausgearbeitet werden.

4. Kulturelle Versorgung

Die Kulturpaläste der herrschenden Klasse sind kein Maßstab für die kulturelle Versorgung der Lohnarbeiter. Während sich die bürgerliche Kultur an den Bühnen, den Konzertsälen und den Museen mißt, die sie dem Feudalismus nachäfft, ist die sogenannte Massenkultur Sache der rasch anwachsenden »Freizeit«-Industrien. Ihre Branchen wie Touristik, Camping- und Sportartikel, Unterhaltung und Film usw. haben nicht die Funktion, den Lohnarbeitern Kultur zu vermitteln, sondern ihnen das Geld aus der Tasche zu ziehen. Die »Freizeit«-Industrie bekommt ihre Kundschaft aber weniger in deren Alltag in den Griff. Vielmehr trifft sie auf die Lohnarbeiter in Ausnahmesituationen, die zwar kompensatorische Funktion haben (Urlaub, Ausgehen), aber für ihre Adressaten nicht zum Alltag gehören.
Für den wirklichen Lebenszusammenhang der Menschen ist daher jene Seite der kulturellen Versorgung von hervorragender Bedeutung, mit der sie Tag für Tag konfrontiert werden. Es ist das die reale Kommunikationssituation, in die die Lohnarbeiter

in ihrer Alltagswirklichkeit gestellt sind. Aus der Betrachtung dieses Aspekts klammern wir die Kommunikation am Arbeitsplatz aus. Sie ist primär von Notwendigkeiten des Produktionsprozesses selbst und der Stellung des Lohnabhängigen in der innerbetrieblichen Hierarchie bestimmt. Man kann beispielsweise unterstellen, daß die größere Identifikation der Angestellten mit ihrer Berufstätigkeit gegenüber Arbeiterinnen nicht unabhängig ist von den besseren Kommunikationsbedingungen auch für die Erörterung persönlicher Interessen, welche jene am Arbeitsplatz vorfinden.

Die von Bahrdt angesprochene Tendenz der urbanen Entwicklung, die Polarisierung zwischen öffentlicher und privater Sphäre, kommt nirgends deutlicher zum Ausdruck als in der Kommunikationssituation der Lohnarbeiter in ihrer arbeitsfreien Zeit. Die Isolierung der Familie, welche durch die Zentralisation des Kapitals vorangetrieben wird, ist zur umfassenden Wirkung der massenmedial produzierten Öffentlichkeit vorausgesetzt. Die Vorherrschaft des Programmfernsehens ist unbestreitbar. Die hohe Sehbeteiligung der Arbeiter am Fernsehen — im Jahre 1969 sahen täglich 73 von 100 fern gegenüber 68 von 100 Angestellten[68] — dürfte zwar zum Teil der Tatsache geschuldet sein, daß diese Unterhaltungsform ihren stärkeren regenerativen Bedürfnissen entgegenkommt, kann aber nicht ausschließlich daraus erklärt werden. Wesentlich bedeutsamer erscheint vielmehr die Frage, ob die notwendigen materiellen Voraussetzungen zu persönlichen Sozial- und Kommunikationskontakten im Wohnumfeld gegeben sind oder nicht. Für den Arbeiter müssen die Möglichkeiten zur Betätigung in Vereinen, politischen Organisationen, zum Besuch von Lokalen usf. im Wohnnahbereich angesiedelt sein. Aufgrund seiner geringen Mobilität, die von seiner großen Arbeitsbelastung herrührt, macht er sonst nur in Ausnahmefällen von ihnen Gebrauch.

Der allgemeinen Öffentlichkeit — »Bis auf weiteres wird man davon ausgehen müssen, daß Zeitung und Rundfunk diese Öffentlichkeit primär herstellen, indem sie einseitige Informationen anbieten, die von allen aufgenommen werden können.«[69]

— stellt Franz Ronneberger den Begriff der Teilöffentlichkeit gegenüber: »Schauen wir genau hin, so stellen wir fest, daß es zahlreiche Teilöffentlichkeiten in abgegrenzten und abgrenzbaren Bereichen gibt, also innerhalb von politischen Parteien, Interessenverbänden, Vereinen, Kirchengemeinden, Großunternehmen, aber auch am Stammtisch und in den Klubs. Dort werden Themen von relativer Allgemeinheit, jedenfalls durch Einfärbung des jeweiligen speziellen Interesses behandelt. Wir bringen mit diesen Teilöffentlichkeiten (partiellen Öffentlichkeiten) zum Ausdruck, daß hier die allgemeinen Themen aus spezieller Sicht oder überhaupt nur spezielle Themen behandelt werden. Das Besondere dieser partiellen Öffentlichkeiten im Vergleich zur ›allgemeinen‹ Öffentlichkeit kann darin gesehen werden, daß hier das fachliche oder fachmännische Urteil besser und stärker zu Worte kommt.«[70]

Der Begriff der kulturellen Versorgung der Menschen meint somit primär das tatsächliche Verhältnis zwischen zentral erstellter und bloß distribuierter Information und Unterhaltung — der sogenannten Öffentlichkeit — und den potentiellen Möglichkeiten persönlicher Kommunikation und Meinungsbildung — in den sogenannten Teilöffentlichkeiten. Ein relativ ausgewogenes Verhältnis dieser beiden Aspekte ist Voraussetzung dafür, daß sich der in der Privatsphäre Vereinzelte gegen die Übermacht der Massenmedien zur Wehr setzen kann, diese benützt und nicht von ihnen benützt wird.

Von der Familie und Verwandtschaft abgesehen, spielen sich die sozialen und kommunikativen Kontakte der Lohnarbeiter in ihrer arbeitsfreien Zeit im Rahmen von speziellen Tätigkeiten ab wie Nachbarschaftshilfe, Gaststättenbesuch, Betätigung in politischen Organisationen und Parteien sowie in Sport- und Freizeitvereinen. Man muß davon ausgehen, daß die Menschen für gewöhnlich nicht in der Lage sind, über den Grußkontakt hinauszukommen, wenn sie nicht spezielle Interessen teilen oder auf der Basis der genannten Tätigkeiten ohnehin miteinander zu tun bekommen.

Die Konzentration des Kapitals einerseits und sein Vordringen in immer neue Anwendungsbereiche andererseits berauben die traditionellen, insbesondere den Lohnarbeitern zugänglichen Teilöffentlichkeiten zusehends ihrer materiellen Existenzgrundlage. Was die kommunikative Sekundärfunktion der herkömmlichen Nachbarschaftsläden betrifft, so geht sie mit der Ausklammerung der materiellen Versorgung aus dem Wohnnahbereich verloren. Eine ähnliche Erscheinung ist aber auch bei den Gastwirtschaften zu beobachten. Ihre Multifunktionalität wird der Logik der Kapitalverwertung geopfert.

Die Gaststätte der alten Art bietet am Tresen, am Stammtisch, in den Kartenrunden usf. vielfältige Kommunikationsmöglichkeiten. Zusätzliche Bedeutung hat sie als Heimstätte von Freizeit- und als Klubraum von Sportvereinen. Über die Lohnkosten, die Differenzierung des Getränkesortiments, verbunden mit umfangreicher Lagerhaltung und langsamem Warenumschlag, und komplizierte Abrechnungssysteme sowie andere Hebel dieser Art wirkt die gesamtwirtschaftliche Entwicklung auf die Gewinnlage des Gastgewerbes ein. Für den selbständigen Kleingastwirt gibt es in vielen Fällen nur die Spezialisierung seines Betriebs als Antwort. Dieses Ziel kann erreicht werden durch ein umfangreiches Angebot auserlesener Speisen (Spezialitäten), rasche Abwicklung von rationell hergestellten Mittagstischen und Schnellimbissen (Selbstbedienung) oder durch die Beschränkung des Angebots auf einige wenige spezielle Speisen und Getränke. Nur auf diese Weise können Einkauf, Lagerhaltung, Arbeitsvorbereitung und Personaleinsatz, verbunden mit erheblichen Umsatzsteigerungen, rationalisiert werden. Voraussetzung dafür ist allerdings, daß diese Lokale ihre Sekundärfunktion als Teilöffentlichkeiten ablegen. Denn nur dann ist gewährleistet, daß die räumlichen Kapazitäten voll genützt werden und nicht der Großteil der Gäste bei relativ unbedeutender Konsumation die Plätze für Stunden besetzt hält. Tendenziell vernichtet die Logik der kapitalistischen Entwicklung also die Mehrfachfunktion der Gaststätten, schaltet sie als Ort von Teilöffentlichkeiten aus: In ihnen bleibt nun die Privatsphäre der Gäste gewahrt; das Gespräch von Tisch zu Tisch ist tabu.

Diese Entwicklung schränkt überdies die Existenzbedingungen für Sport- und Freizeitvereine ein. Insbesondere letzteren gehen die räumlichen Voraussetzung zur Entfaltung ihrer spezifischen Aktivitäten verloren. Die sportliche Betätigung war lange Zeit eine Domäne zahlreicher kleiner Vereine. Hier zeigt sich neuerdings eine Konzentration des Leistungssportes in den Händen weniger Großvereine und die Polarisierung der körperlichen Ertüchtigung im Zeichen der Trimm-dich-Welle: einerseits treibt die Sportartikelindustrie die Privatisierung der sportlichen Betätigung voran, um einen ungeheuren Markt für Heimsportgeräte zu entwickeln; andererseits bieten kommerziell geführte Spezialinstitute ihre Dienste an, um übergewichtige Großstädter mittels Sauna, Massage und Gymnastik schlank und rank zu machen. Beiden Tendenzen ist gemeinsam, daß sie vom Sport den Spaß und den Sozialkontakt abziehen, also auch ihn der kommunikativen Sekundärfunktion berauben.
Ähnlich verhält es sich auch mit der Basisparteiarbeit der sozialdemokratischen Parteien, welche in Mitteleuropa nach wie vor den Großteil der Lohnarbeiter organisieren. Durch die Umwandlung dieser Parteien von Massen- in Wählerparteien wird die Parteiarbeit an der Basis marginal. Der Informationsfluß von den Mitgliedern über die Vertrauensleute zu den Spitzengremien der Parteien wird unterbrochen und durch zentral geleitete telephonische Informations- und Auskunftsdienste ersetzt.
Die aufgezeigten Tendenzen zur Auflösung von Teilöffentlichkeiten, indem ihnen der materielle Träger genommen wird, kommt in Stadtrandsiedlungen voll zum Tragen. Die Auswertung von Untersuchungsergebnissen über vier Münchner Neubausiedlungen zeigt die folgenden Ergebnisse: »Dem Rückzug aus der öffentlichen Sphäre (aufgrund des Mangels an entsprechenden Angeboten — L. H.) entspricht eine Intensivierung der Privatsphäre. Die äußeren Voraussetzungen für familienbezogenes Denken, familienbezogene Freizeittätigkeiten sind in den Siedlungen eher gegeben als in der Stadt. Negativ dadurch, daß die Entfernung anders geartete Kontakte erschwert und die

Siedlungsumwelt solche Kontakte kaum anregt. Positiv dadurch, daß die Familien in den Siedlungen neue, bessere Wohnungen zur Verfügung haben, auch mehr Fernsehgeräte und mehr Autos als die Münchner Bevölkerung im Schnitt. Das Fernsehprogramm wird häufiger in Anspruch genommen als in der Stadt sonst.«[71] In den Stadtrandsiedlungen Wiens verfügen 93 Prozent der Haushalte über Fernsehgeräte gegenüber 70 Prozent im Durchschnitt der Stadt. In einer vergleichenden Studie »Neue Siedlungen und alte Viertel« wird ein enger Zusammenhang zwischen Gasthausbesuch und dem Vorhandensein von entsprechenden Möglichkeiten hierzu festgestellt. Dabei schneiden die Neubaugebiete besonders schlecht ab.[72] Katrin Zapf hebt die besondere Bedeutung der Lokale für die Kommunikation in Teilöffentlichkeiten hervor: »Für die Geselligkeit der Erwachsenen sind aber die weniger formellen Gruppen, die sich in bestimmten Lokalen und um bestimmte Beschäftigungen sammeln, eigentlich wichtiger.«[73] Ein anderer Autor stellt überhaupt einen Zusammenhang zwischen der Betätigung in Teilöffentlichkeiten und Kommunikationsfähigkeit her: » . . . ; ein kontaktfreudiges Sozialverhalten, das sich in der Zugehörigkeit zu Vereinen und Organisationen des nichtnachbarschaftlichen Bereichs niederschlägt, läßt die Betreffenden auch über mehr und intensivere Nachbarschaftsbeziehungen verfügen.«[74] Ulfert Herlyn bringt die Desintegration von Nachbarschaftskontakten mit dem Mangel an sinnvollen Bezügen von Wohnungsinhabern desselben Hauses in Zusammenhang.[75] Klages geht von einem »latenten Begegnungswillen der wohnenden Menschen«[76] aus und kommt zu folgendem Resultat: »Trotz der die Bindekraft des Nachbarschaftsverkehrs schwächenden ›objektiven‹ Außenbestimmungen gibt es also schlummernde Kontaktpotenzen, die einzig angesichts einer fehlenden Grundbasis (sic!) des Miteinander-gemeinsam-Habens in Kontaktablehnungen umschlagen. Es sei nochmals darauf hingewiesen, daß diese Beobachtungen an Siedlungsbewohnerschaften gemacht wurden, die wir hinsichtlich ihrer sozialen Zusammensetzung als ›kleine Leute‹ kennzeichneten. Schon ältere Untersuchungen gelangten zu der

Feststellung, daß der Nachbarschaftsverkehr der ›kleinen Leute‹ im allgemeinen ›intensiver‹ als der des Mittelstandes oder der Oberschicht ist.«[77]

Der Jargon des Autors ändert nichts an der grundsätzlich richtigen Aussage, daß die Kommunikation in Teilöffentlichkeiten ganz bestimmte materielle Voraussetzungen hat und daß nur diese die totale Isolierung der Menschen in der Privatsphäre verhindern kann. Sind die notwendigen Gegebenheiten nicht vorhanden, kommt es zur uneingeschränkten Herrschaft der Massenmedien. Welche Konsequenzen das für den Bewußtseinsstand der Lohnarbeiter hat, geht aus der Feststellung von Zapf hervor, daß das politische Desinteresse der Bewohner von Neubausiedlungen besonders hoch ist.[78] In der Zerstörung der alten Arbeiterquartiere und der Umsiedlung ihrer Bewohner in Neubausiedlungen am Stadtrand hat die herrschende Klasse ein hervorragendes Kampfinstrument entwickelt. Aufgrund der besseren Wohnverhältnisse zieht es die Lohnarbeiter in die Stadterweiterungsgebiete, wo für sie die Mieten noch einigermaßen erschwinglich sind. Dafür zahlen sie aber mit dem Verlust aller Voraussetzungen zur gegenkulturellen Betätigung, der durch die kulturelle Unterversorgung, den Mangel an Teilöffentlichkeiten jede Existenzgrundlage entzogen wird.

Als alltägliches Moment der kulturellen Versorgung der Lohnarbeiter bleibt somit lediglich das Informations- und Unterhaltungsangebot der Massenmedien. Dabei spielt das Fernsehen die Hauptrolle. Alle anderen Unterhaltungsangebote der »Freizeit«-Industrie kann der durchschnittliche Lohnarbeiter nur in Ausnahmesituationen und da nur äußerst begrenzt nutzen. Der gegenwärtig betriebene Jugendkult stellt allerdings auch zum Teil für junge Arbeiter die Illusion her, in einer »freien« Gesellschaft zu leben, schier unbegrenzte Möglichkeiten zu haben. Es ist offensichtlich, daß diese Form der Jugend-»Kultur« trügerischen Charakter hat und der Einübung der Jugendlichen in die Klassengesellschaft dient. Allerdings ist bemerkenswert, daß das kapitalistische Krisenmanagement stark mit der Simulation eskapistischer Möglichkeiten der Arbeiterjugend arbeiten muß,

wie das die Lebensgeschichte der meisten Popidole zeigt. Solange die jungen Arbeiter noch nicht durch den Familienunterhalt gefesselt sind, müssen sie zumindest in der arbeitsfreien Zeit bei guter Laune gehalten werden, damit sie nicht am Arbeitsplatz auf dumme (= die richtigen) Gedanken kommen.
Für die Beurteilung der Massenmedien haben Negt und Kluge ein hervorragendes Kriterium erarbeitet: »Öffentlichkeit besitzt dann Gebrauchswerteigenschaften, wenn sich in ihr die gesellschaftliche Erfahrung organisiert.«[79] Von diesem Standpunkt aus wird sofort klar, daß das Fernsehen etwa kein Medium für die oder der Massen darstellt, sondern ein Herrschaftsmittel zu ihrer Unterdrückung. Im Fernsehen werden sie nicht ihrem Lebenszusammenhang konfrontiert; er wird ihnen vielmehr weggestohlen durch den Aufbau einer Ersatzwirklichkeit, die mit ihren Erfahrungen nicht das Geringste zu tun hat. »Formale Betriebsamkeit, Pluralität und Buntheit des Angebots führen, da sie regressive, selbst formale Momente im Bewußtsein der Rezipienten stärken, zur praktischen Einübung psychischer Disziplin. Gerade die Institution der ›Unterhaltung‹ mit Amusement und escape gleichzusetzen ist falsch: Sie stellt statt dessen ein ›Geld‹ im Tausch zwischen Produzenten und Konsumenten dar, mittels dessen die empirisch vorhandene Bereitschaft zur Abwehr gleichgewichtsbedrohender Glücksansprüche durch die Garantie formaler Vielfalt und Perfektion gratifiziert wird.«[80]
Die Wirksamkeit der Massenmedien im Interesse der herrschenden Klasse wird durch folgende grundsätzliche Voraussetzungen gewährleistet:
— ihren Distributionscharakter; »Aber ganz abgesehen von seiner zweifelhaften Funktion (wer vieles bringt, wird keinem etwas bringen) hat der Rundfunk (und auch das Fernsehen — L. H.) *eine* Seite, wo er zwei haben müßte. Er ist ein reiner Distributionsapparat, er teilt lediglich zu.«[81]
— ihren Monologcharakter; »Das Fernsehen als Medium, wie es als zusammengefaßte Tätigkeit auf dem Bildschirm erscheint, hat eine andere Vergesellschaftungsstufe als seine einzelnen Teile. Hier saugt der fortgeschrittenste Teil, das technische Me-

dium (aber nicht aus technischen Gründen), die zurückgebliebeneren Produktionsweisen in sich auf.«[82] Die monologische Ideologie des Mediums besteht also in der permanenten Demonstration seiner technischen Fortgeschrittenheit, um über diesen Hebel die Menschen ihres Lebenszusammenhangs zu berauben.
— ihr statischer Charakter; durch die technische Auslegung der TV-»Kommunikation« einerseits und die Perpetuierung eines immer gleichen Programmschemas andererseits wird unterstellt, Kommunikation könne nichts verändern und die Wirklichkeit sei — wie die Bild- und Filmmuster der Fernsehinformation — unveränderbar.

Über den technischen Eindruck und die inhaltliche Programmierung des Fernsehens wird eine künstliche Realität aufgebaut, die mit der sozialen Wirklichkeit nichts mehr gemein hat, um den Menschen die Begriffe zum Begreifen ihrer realen Arbeits- und Lebenssituation zu nehmen. Die Massenmedien bauen also keine deformierte, sondern eine unwirkliche Wirklichkeit auf. Ihr Gestaltungsprinzip ist ein historischer Idealismus. Unterschiedslos werden ihres gesellschaftlichen Zusammenhangs entkleidete Bilder aus Sport und Unterhaltung, Kultur und Natur, ihrer politischen und sozialen Bedeutung beraubte »Ereignisse« als Bausteine verwendet, um daraus eine neue Welt der Information und Unterhaltung zu klittern.

Was die Massenmedien distribuieren, ihren Lesern, Hörern und Sehern zuteilen, ist eine fortgesetzte Entwöhnungskur, die eigene soziale Wirklichkeit analysieren, bewerten und verändern zu wollen. Hinzu kommt die Funktion, insbesondere des Fernsehens, den Massenkonsum zu dirigieren und zu organisieren. Nicht nur in den Werbeblöcken, um die das Programm gruppiert ist, sondern auch in den Informations- und Unterhaltungsteilen zirkulieren die Abbilder des verpackungsmäßigen Erscheinungsbildes der Waren und die Anleitungen zu ihrem Gebrauch. Dem Publikum wird ein Eindruck des Markenartikelangebots zugeteilt, den es benötigt, wenn es im Supermakt die als besitznotwendig hingestellten Waren identifizieren will. Nur wenn die Menschen über die Abbilder der Waren verfügen,

können sie als Konsumenten ihre als »frei« hingestellte Wahl treffen.
Daß die Menschen diesem einseitigen Zuteilungsverhältnis nicht entkommen können, ist begründet in der Konstruktion der Apparate, von denen sie beliefert werden. Das Publikum ist zur Passivität verurteilt; es darf nicht nachfragen und dagegenreden. Die Massenmedien sind für das Monopolkapital ein Mittel, das es ihm erlaubt, den Menschen gleichsam in Platons Höhle zurückzuversetzen. Vor dem Fernsehgerät sitzt er mit dem Rücken zur Welt, in der sich sein Leben entscheidet. Die Schatten der Waren, die er auf dem Fernsehschirm wahrnimmt, erscheinen ihm als die wirklichen Gegenstände, als der Inbegriff des Lebens überhaupt.
Die ideologische Wirksamkeit des Fernsehens besteht also primär darin, daß es den Menschen ihren wirklichen Lebenszusammenhang unterschlägt, indem es ihnen fortwährend eine warenästhetisch unterspickte Scheinwelt vorgaukelt. Dabei macht es sich zunutze, daß es gleichsam infrastrukturellen Charakter hat und somit immer dann zur Unterhaltung benutzt wird, wenn nichts besseres zu tun ist. Und das ist fast immer der Fall in der arbeitsfreien Zeit der Lohnarbeiter, wenn sie nicht auf unmittelbar reproduktive Tätigkeiten verwendet werden muß, weil sie zusehends aller alternativen Möglichkeiten beraubt werden. Der Zugvorteil des Fernsehens liegt vor allem darin, daß es der massenmedial produzierten Öffentlichkeit unmittelbaren Zugang in die Privatsphäre der Menschen verschafft. Die rückständige Organisationsform und die hierarchische Struktur der Familie führen dazu, daß sich der in der Privatsphäre Vereinzelte in keiner Weise der technischen Überlegenheit des Mediums erwehren kann. Im Fernsehen ist jeder seines eigenen Glückes Schmied, während die reale Lebenssituation der Menschen von ihrer Arbeit und somit vom Klassengegensatz determiniert ist. Das alltägliche Leben der Lohnarbeiter, das zeigen die Ergebnisse dieser Betrachtungen, spielt sich nicht in der Öffentlichkeit ab, sondern zu Hause in der Familie. Sie ist Ort der tatsächlichen Reproduktion der Arbeitskraft, während der urbane Raum

nur ihren Rahmen abgibt und die Produktionsvoraussetzungen für die konkreten reproduktiven Tätigkeiten umfaßt. Nur insofern wirkt die Stadt auf die Gestaltung des Alltagslebens der Arbeiterklasse ein. Es kann dabei aber nicht übersehen werden, daß der Begriff des Existenzminimums durch die Form bestimmt ist, die für die Einbettung der Haushalte in den städtischen Zusammenhang typisch ist. Unter diesem Gesichtspunkt erscheint der Erwerb von langlebigen beziehungsweise kostenintensiven Gütern wie Kraftfahrzeugen, Tiefkühltruhen, Eigenbauwohnungen, die nach außen hin als Statussymbole gehandelt werden, als Existenznotwendigkeit. Sie stellen eine Voraussetzung dafür dar, daß die Lohnarbeiter in urbanen Ballungsräumen ihre Arbeitskraft vermarkten (Weg zum Arbeitsplatz) und ihre materielle Reproduktion sichern können.

5. Die private Hauswirtschaft

Die Hauswirtschaft ist eine vorkapitalistische Produktionsweise. Von den Anfängen der Menschheit bis tief in den Merkantilismus und die Manufakturperiode bestimmt sie die wirtschaftliche Aktivität der meisten Menschen. Ihr Arbeitsprodukt ist nicht zur Vermarktung bestimmt; es dient vielmehr in erster Linie dem unmittelbaren Lebenunterhalt der Haushaltsglieder. Die Hauswirtschaft beläßt den Menschen also in einem naturwüchsigen und nicht gesellschaftlichen, über die Warenform vermittelten Verhältnis zu seinem Arbeitsprodukt. Der Terminus »privat« weist allerdings darauf hin, daß auch in diesem Wirtschaftsverband spezifische Besitz- und Herrschaftsverhältnisse vorliegen, welche einem historischen Wandel ausgesetzt waren und sind.[83] Die Familie als gesellschaftliche Organisationsform hat in der Hauswirtschaft ihre ökonomische Basis.
Noch in der Periode der »primären Akkumulation des Kapitals« nahm die private Hauswirtschaft die dominierende Stellung ein. Sie war insbesondere auf dem Lande adäquate Produktions-

weise der ihre Arbeitsmittel besitzenden Arbeiter. Die Trennung von Arbeitsvermögen und Produktionsmittelbesitz hat im Kapitalismus der vergesellschafteten Arbeit in der Industrie die beherrschende und alle gesellschaftlichen Beziehungen regulierende Bedeutung gegeben. Durch die Trennung von Produktion und Reproduktion wird aber der vergesellschafteten Arbeit die private Wiederherstellung der Arbeitskraft gegenüber gestellt. Indem das Kapital der privaten Hauswirtschaft die Reproduktion der Lohnarbeit überläßt, räumt es dieser vorkapitalistischen Produktionsweise eine eingeschränkte aber fortdauernde Funktion und Existenzgrundlage ein.

Der besitzlose Arbeiter ist zur Lohnarbeit gezwungen, um seine materielle Existenz zu sichern. Sein Einkommen reicht aber nicht aus, um damit die notwendigen Reproduktionsgüter unmittelbar zu erwerben. Das Proletariat muß sich vielmehr damit begnügen, in den Besitz von Arbeitsmitteln und »Rohstoffen« zu gelangen, welche als Produktionsvoraussetzungen die Finalproduktion der reproduktiven Güter, beispielsweise die Speisenherstellung, erlauben. Die Reproduktion der Lohnarbeiter setzt also die außerhalb des kapitalistischen Markts bleibende, unbezahlte und kostenlose hauswirtschaftliche Tätigkeit der Familienglieder voraus. Zur Finalproduktion seiner Reproduktion wird das Proletariat also in einen naturwüchsigen Arbeitszusammenhang entlassen. Das ist ein entscheidendes Faktum für die Theorie der Produktion falschen Bewußtseins: Dadurch daß der Lohnarbeiter sich »außer der Arbeit bei sich und in der Arbeit außer sich« (Marx) fühlt, wird für sein Sein nicht der gesellschaftliche Arbeitszusammenhang, sondern der von der privaten Hauswirtschaft bestimmte naturwüchsige Reproduktionszusammenhang entscheidend.

Die Darstellung der kulturellen und materiellen Versorgung beweist, daß das große Kapital immer stärker in diese Bereiche vordringt. Insbesondere im Handel zerbricht es zusehends vorindustrielle Formen kapitalistischer Aktivitäten, welche auf Kleinbesitz beruhen. Die Überschwemmung der privaten Haushalte mit industriell produzierten Konsum- und Gebrauchsgütern, mit mechanisierten Haushaltsgeräten und tiefgekühlter Fertigkost, mit Konserven und Schnellreinigern könnte den Anschein erwecken, daß die Familie immer stärker ihrer hauswirtschaftlichen Funktionen entbunden wird. Gerade die Zentralisation der materiellen Versorgungssysteme und die Beschränkung der kulturellen Versorgung auf das Fernsehen im Familienkreis zeigen aber, daß ihre reproduktiven Aufgaben eher zu- als abnehmen. Tatsächlich treibt der fortlaufende Konzentrations- und Zentralisationsprozeß des Kapitals die Polarisierung zwischen vergesellschafteter Produktion und privater, individueller Reproduktion immer weiter voran, statt diesen Gegensatz aufzuheben.

Die Anforderungen der Hauswirtschaft organisieren somit immer entschiedener die Nutzung der arbeitsfreien Zeit durch die Lohnarbeiter. Die Mechanisierung der Haushalte, die als die Einwirkung des gesellschaftlichen Fortschritts auf die Kleinfamilie betrachtet wird, ändert nichts an der Organisationsweise der reproduktiven Tätigkeiten; sie bleiben dennoch individuell, nicht-vergesellschaftet. Die Zeitersparnis, welche die elektrischen Haushaltsgeräte mit sich bringen, hat nur die Funktion, die Menschen zu zusätzlichem Konsum freizustellen beziehungsweise die Berufstätigkeit der Frau zu gewährleisten. »*Alle* Mittel der Mechanisierung der privaten Hauswirtschaft, vom Elektrostaubsauger bis zur Tiefkühltruhe, erleichtern zwar die Arbeit im Haushalt, verändern sie aber nicht in dem Sinne, daß das kleinfamiliäre Reproduktionsprinzip aufgehoben wird, vielmehr bietet sich gerade die Kleinfamilie als geeignete Konsumtionseinheit an. Die Masse der produzierten Konsumgüter determiniert den Umsatz und den Profit; in der kapitalistischen Produktionsweise ist daher nur ein geringes Interesse vorhanden, die Reproduktionssphäre unter dem Aspekt der Zeitersparnis zu rationalisieren.«[84]

Die Zerstörung der Nahversorgungssysteme mit privatwirtschaftlich produzierten Gütern und Dienstleistungen einerseits und das unzureichende Einkommen der Lohnarbeiter andererseits führen fortlaufend zur Funktionserweiterung der privaten

Hauswirtschaft. Unter dem Titel »In Deutschland wurde bewiesen: Schneidern wieder ›modern‹« berichtete eine Wiener Tageszeitung: »In der Bundesrepublik Deutschland wurde nun nachgewiesen, was auch die österreichischen Erzeuger von Stoffen vermerken konnten: Die Damen schneidern wieder! Eine Umfrage ergab, daß jede dritte Frau zumindest Teile ihrer Garderobe selbst verfertigt. Die Mehrzahl — 42 Prozent — gab als Grund für das neue Hobby ›Spaß an der Sache‹ an, 29 Prozent meinten, man könne sich mit selbstverfertigten Dingen individueller kleiden, nur für 28 Prozent der Befragten ist Sparsamkeit das entscheidende Moment dafür, selbst zu Nadel und Faden zu greifen.«[85] Es ist offensichtlich, daß die vornehmlich genannten Gründe für diese Betätigung *Rationalisierungen* darstellen. Tatsächlich werden die Hausfrauen zur Eigenproduktion von Kleidern gezwungen, weil das Familieneinkommen für die Anschaffung von industriell produziertem Gewand nicht ausreicht. Die Rationalisierung der Produktion schlägt sich nicht in einer Verbilligung der Produkte für die Konsumenten nieder, weil einerseits kurzatmige ästhetische Erneuerungen und Modewechsel die Herstellung der Kleider in Großserien verhindern und andererseits durch geringfügige Variationen in Stoff und Schnitt den massenhaft produzierten Kleidungsstücken der Charakter von Modellen verliehen wird, der die hohen Preise rechtfertigen soll. Das sind die Gründe, welche in diesem Sektor zu einer sekundären Ausbeutung der Lohnarbeiter führen und in ihren Haushalten vorindustrielle Produktionsweisen aktualisieren.

Die rasche und überproportionale Verteuerung von Reparaturdienstleistungen und Produkten des Handwerks, insbesondere der Bauhilfsgewerbe, hat einen ähnlichen Effekt. Der Großteil der Lohnarbeiter kann es sich heute nur mehr in Ausnahmefällen leisten, Handwerker zu Hilfe zu rufen; vielmehr müssen derartige Arbeiten in der von der Berufsarbeit freien Zeit gemacht werden. Gebrechen in der Strom-, Gas- und Wasserversorgung der Wohnungen werden in Eigenregie behoben; Maler-, Anstreicher-, Tapezierer-, Tischlerarbeiten usw. selbst vorgenommen. Die Bedeutung dieses Sektors geht aus den ganzseitigen Inseraten in Tageszeitungen und Illustrierten hervor, in denen für den Kauf von »Heimwerker«-Behelfen aller Art geworben wird. Die Industrie kommt auf diese Weise an einen riesigen und unbegrenzt aufnahmefähigen Markt heran, der ihr bisher durch die Zwischenstellung des Handwerks nicht direkt zugänglich war. Die hohe Diversifikation der angebotenen Produkte, die Reduzierung der Werkzeuge und Rohstoffe von Mehrfach- auf Einzelfunktionen, senkt ihren Gebrauchswert und erhöht den Umsatz.

Die handwerklichen Aktivitäten der Lohnarbeiter in ihrer arbeitsfreien Zeit führen sie zurück auf eine vorkapitalistische Stufe der gesellschaftlichen Entwicklung und des gesellschaftlichen Zusammenhangs. In ihren lebensnotwendigen Tätigkeiten in der Reproduktionssphäre verfügen die Arbeiter über das Privateigentum an den Produktionsmitteln, die zu ihrer Aktivität vorausgesetzt sind. Zwar bekommen sie die Mittel nur durch die Lohnarbeit, ihre Ausbeutung durch das Kapital in die Hand, die sie zum Ankauf der »Produktionsmittel« benötigen; in ihren zusätzlichen Tätigkeit sind sie aber ihre eigenen Herrn. Das trifft auch zu auf die Schwarzarbeit, die Nachbarschaftshilfe und die Gartennutzung, wofür das Proletariat einen wesentlichen Teil seiner arbeitsfreien Zeit verausgabt. Auch hier herrscht eine naturwüchsige Beziehung zwischen Mensch und Ding vor; diese Tätigkeiten scheinen außerhalb der Herrschaft des Menschen über den Menschen zu liegen.

Die Funktionen der privaten Hauswirtschaft weiten sich also ständig aus. Ihre Bedeutung für die Reproduktion der Menschen nimmt zu und nicht ab. Die Alltäglichkeit der Lohnarbeiter in ihrer arbeitsfreien Zeit ist von ihr strukturiert und bestimmt. Dabei geht es nicht nur um das Verfertigen von Kleidern und die Reparatur der Wohnungen, sondern um alle selbst produktiven und selbst produzierten Tätigkeiten, die außerhalb der Lohnarbeit zur Reproduktion der Arbeitskraft notwendig sind. Die private Hauswirtschaft umfaßt somit in erster Linie die Herstellung der Speisen, die Reinigung der Wohnung, die Instandhaltung von Wäsche und Kleidung, die Nutzung der Systeme der materiellen und kulturellen Versorgung, die Erziehung der Kinder usw. Der gesamten Fülle alltäglicher Tätigkeiten und Handlungen, die damit bezeichnet ist, eignet ein naturwüchsiger, nicht entfremdeter Charakter der Produktion. In der privaten Hauswirtschaft herrscht eine naturwüchsige, nicht über die Ausbeutung des Menschen durch den Menschen vermittelte Beziehung zwischen Mensch und Ding.

Die produktiven Tätigkeiten im Reproduktionsbereich sind nicht zur Vermarktung bestimmt, sondern kommen den Ausführenden dieser Tätigkeiten selbst zugute. Das bedeutet aber, daß der Lohnarbeiter, dessen Sozialisation in der Familie verläuft und der auch während seines Arbeitslebens zu Hause »bei sich« ist, außerhalb von Ausbeutung und Entfremdung steht, sobald er in seiner arbeitsfreien Zeit, bei der Reproduktion seiner Arbeitskraft für sich tätig ist. Ausgangspunkt der Arbeitsteilung und der damit einhergehenden Verschleierung des gesellschaftlichen Zusammenhangs – die Ausbeutung der besitzlosen Arbeiter durch die besitzenden Nichtarbeiter – ist somit die Trennung zwischen Produktion und Reproduktion durch die Gegenüberstellung von vergesellschafteter Arbeit und individueller Wiederherstellung der Arbeitskraft. Die Produktion falschen Bewußtseins, die Macht der bürgerlichen Ideologie über das Proletariat scheint dem Faktum geschuldet, daß die Lohnarbeiter mit einem Bein in vorindustriellen Produktionsverhältnissen stehen – nämlich dort, wo es um ihre Reproduktion geht. Die private Hauswirtschaft nährt in ihnen die Illusion des Besitzes von Privateigentum.

V

Die Produktion des falschen Bewußtseins

Die kapitalistische Entwicklung wirkt in zwei Formen auf den Lebenszusammenhang der Menschen ein. Einerseits erweitert sie aufgrund der fortwährenden Kapitalakkumulation und der damit verbundenen Ausdehnung der Zirkulationssphäre ihre materiellen Bedürfnisse. Sie erzeugt neue Verlangen (Diversifikation in der Lebens- und Genußmittelindustrie, »einzigartige« Markenartikel der verschiedensten Art) und schafft neue Notwendigkeiten (Berufstätigkeit der Frau und damit verbunden Ausstattung der Haushalte mit elektrischen Geräten, Vernachlässigung des Massenverkehrs und damit verbunden die Anschaffung von PKWs zur Bewältigung des Wegs zur Arbeit). Andererseits schränkt die Konzentration und Zentralisation des Kapitals die sozialen Bedürfnisse der Menschen ein, indem die kulturelle Versorgung auf die Distribution massenmedial produzierter Öffentlichkeit reduziert wird sowie Handels- und Dienstleistungseinrichtungen aus dem Wohnnahbereich ausgegliedert werden. Es ist das Ergebnis dieser Entwicklung — wie sie im vorhergehenden Kapitel dargestellt ist —, daß die Reproduktion der Arbeitskraft primär der Familie und der Produktionsweise der privaten Hauswirtschaft überlassen bleibt.
Vom Standpunkt der Arbeiterklasse aus betrachtet, wird dadurch die Polarisierung zwischen gesellschaftlicher Arbeit und privater Wiederherstellung der Arbeitskraft weiter vorangetrieben. Das hat zur Folge, daß die Isolierung der Familie und die Atomisierung der Haushalte verstärkt hervortritt und die Funktion der privaten Hauswirtschaft eine immer breitere Basis erhält. Das alltägliche Leben der Lohnarbeiter wird deshalb immer entschiedener von der Privatsphäre geprägt. Sie ist der Ort ihrer Alltäglichkeit, auf den sie praktisch ausschließlich zur Befriedigung ihrer materiellen und kulturellen Bedürfnisse ange-

wiesen sind. Auch hier fliegen den Arbeitern die gebratenen Tauben nicht ins Maul. Die Alltäglichkeit ihrer Reproduktionssphäre, in der sie »bei sich« sind, setzt sich aus einem Komplex von Tätigkeiten zusammen, die zur Finalproduktion der Reproduktionsgüter notwendig sind: Das kaufbare Warenangebot verkörpert bloß die Arbeitsmittel und Rohstoffe, welche erst im Produktionsprozeß der privaten Hauswirtschaft in Gebrauchswerte verwandelt werden.

Die Produktionsverhältnisse im Rahmen der privaten Hauswirtschaft sind nicht geprägt vom Gegensatz zwischen Lohnarbeit und Kapital. Sie zeichnen sich vielmehr durch ein naturwüchsiges Verhältnis zwischen Mensch und Ding aus, durch den Privatbesitz der Familie an den Arbeitsmitteln, die sie zu ihrer Reproduktion benötigt. Ihr Sein in der Reproduktionssphäre erweckt also in den Lohnarbeitern den Anschein, zumindest in diesem Bereich nicht entfremdet zu arbeiten und ihre eigenen Herren zu sein. Auf diese Weise legt die Privatsphäre dem Proletariat zumindest partiell ein ganz anderes Selbstverständnis nahe, als es objektiv durch seine Klassenlage bestimmt ist.

Die Eigenart der Reproduktionssphäre, in der die Wiederherstellung der Arbeitskraft vor sich geht, stellt sich zusammengefaßt in den folgenden Punkten dar:

— Die arbeitsfreie Zeit der Lohnarbeiter ist nur für das Kapital unproduktive »Frei«-Zeit der Arbeitskraft, in welcher diese untätig bleibt.

— Da die Reproduktion der Arbeitskraft auf nicht vergesellschafteter Stufe steht, muß das Proletariat in seiner arbeitsfreien Zeit eine produktive Tätigkeit eigener Art entfalten.

— Die private Hauswirtschaft faßt diese Tätigkeiten zusammen, welche zur Reproduktion der Arbeitskraft zusätzlich erforderlich sind.

— Die private Hauswirtschaft kennt keine Trennung zwischen Arbeitsvermögen und Produktionsmittelbesitz.

— In ihr herrscht vielmehr der Privatbesitz der Familie an ihren Arbeitsmitteln.

— Die reproduktiven Tätigkeiten tragen daher den Anschein, als seien sie nicht durch die Herrschaft des Menschen über den Menschen bestimmt.
— Sie scheinen vielmehr von einem nicht entfremdeten, naturwüchsigen Verhältnis zwischen Mensch und Ding geprägt.
— Die Produkte der privaten Hauswirtschaft haben keinen Warencharakter; sie bleiben außerhalb des kapitalistischen Verwertungszusammenhangs.
— Die private Hauswirtschaft produziert vielmehr Dinge nur zum unmittelbaren Gebrauch; sie haben einen Gebrauchs-, keinen Tauschwert.

Im Prinzip prägt die so definierte hauswirtschaftliche Tätigkeit in den vielfältigsten Varianten die Alltäglichkeit der Lohnarbeiter und ihrer Familienmitglieder. Jeden Tag sind hunderte Handgriffe im Haushalt erforderlich, um bloß sein Funktionieren zu gewährleisten. Zu nahezu jedem Besitz- und Einrichtungsgegenstand wird früher oder später aufgrund von Reparaturen, die in Eigenregie vorgenommen werden, eine naturwüchsige Beziehung hergestellt. Das Gleiche gilt für das selbst gebaute Eigenheim, die selbst renovierte Wohnung und selbst verfertigte Gebrauchsgegenstände. Sein eigener Herr ist der Lohnarbeiter auch bei der Gartenarbeit, der Reparatur des eigenen Autos, der Nachbarschaftshilfe und der Schwarzarbeit. In der Atmosphäre der Hauswirtschaft verbringt er nicht nur seine arbeitsfreie Zeit mit spezifischen Tätigkeiten, sondern darüberhinaus vollzieht sich seine Sozialisation zu einem wesentlichen Teil in dieser Umgebung.

Mit seinen umfangreichen reproduktiven Tätigkeiten produziert das Proletariat aber nicht nur reproduktive Gebrauchswerte, sondern auf der Basis der dargestellten speziellen Produktionsverhältnisse der privaten Hauswirtschaft auch ein von dieser Form der Arbeit geprägtes Bewußtsein. Die Trennung zwischen Produktion und Reproduktion ist also nicht allein Grundlage der Kapitalverwertung. Sie bringt vielmehr noch eine Zweiteilung der besitzlosen Arbeitskraft hervor. In seiner Berufstätigkeit verkauft der Lohnarbeiter seine Arbeitskraft, um außerhalb der Arbeit seine Existenz fristen zu können. Zu diesem Zweck ist er aber — und mit fortschreitender Entwicklung der Kapitalakkumulation immer mehr — gezwungen, Kleinbesitz zu erwerben. Somit herrscht nur in der Arbeitssphäre explizit die Trennung von Lohnarbeit und Kapital, die Konstituierung der Arbeiterklasse an sich gegenüber dem Kapital, während es in der Reproduktionssphäre nur quantitative Unterschiede im Besitz von Reproduktionsgütern und -mitteln gibt.

Das Kapital wendet die vergesellschaftete Arbeit nur auf die Warenproduktion an, während es die Reproduktion der Arbeitskraft einer vorindustriellen und vorkapitalistischen Form nicht vergesellschafteter Tätigkeit überläßt. Resultat dieser Trennung ist sowohl die Sicherung der kapitalistischen Verwertungschancen, als auch der kapitalistischen Herrschaft überhaupt. Dem Proletariat führt sie ein kaum auflösbares Vexierbild vor Augen: Der Ausbeutung der Lohnarbeiter in ihrer Arbeitssituation steht ihr privater Kleinbesitz gegenüber, von dem sie im arbeitsfreien Alltag Gebrauch machen. In ihrer reproduktiven Tätigkeit produzieren sie fortgesetzt Bewußtsein, das ihren Kleinbesitzerstatus zum Maßstab hat und somit falsches Bewußtsein ist, weil es ihrer objektiven Klassenlage nicht entspricht.

Es ist entscheidend, die arbeitsfreie Zeit der Menschen nicht als Bereich der Untätigkeit einzuschätzen. Wäre das so, dann müßte das Bewußtsein der Lohnarbeiter vollständig von ihrer Arbeitssituation bestimmt sein. Wenn man aber die Reproduktionssphäre als den Ort einer produktiven Tätigkeit eigener Art erkennt, so ist der Ansatzpunkt für die Produktion des falschen Bewußtseins der Arbeiterklasse gefunden. Denn die Äußerung von Marx — »die ihre materielle Produktion und ihren materiellen Verkehr entwickelnden Menschen ändern mit dieser ihrer Wirklichkeit auch ihr Denken und die Produkte ihres Denkens«[86] — gilt nicht nur für die Freisetzung der menschlichen Produktivkraft durch die Vergesellschaftung der Arbeit, sondern muß auch auf die rückständige Organisationsform der Reproduktion angewendet werden.

Dadurch, daß die Wiederherstellung der Arbeitskraft aus der gesamtgesellschaftlichen Entwicklung ausgeklammert bleibt, drängen sich dem Proletariat seiner objektiven Lage inadäquate Bewußtseinsinhalte auf. Diese Seite in der Existenz der Lohnarbeiter wird verstärkt durch ihre Entäußerung und Entfremdung am Arbeitsplatz. Statt sich an ihrer Arbeitssituation zu orientieren, fühlen sie sich gedrängt, an ihrer Lage in der arbeitsfreien Zeit Maß zu nehmen: »Der Arbeiter fühlt sich daher außer der Arbeit bei sich und in der Arbeit außer sich.«[87] Die subjektive Einschätzung seiner Lage wird daher primär von seiner Reproduktionssituation bestimmt und erst durch sie hindurch von der Lohnarbeit. Der Entwicklung des Bewußtseins der Arbeiter zum Klassenbewußtsein steht als Bollwerk die in ihrem alltäglichen Leben verankerte und produzierte Eigentumsideologie entgegen.

Auf dieser Disposition bauen die bürgerlichen Ideologien ihren Einfluß auf das Bewußtsein der Arbeiterklasse auf. Das Kapital spricht zum Beispiel von Eigentum; es meint damit den Privatbesitz an den Produktionsmitteln, während die Arbeiter und Angestellten darunter ihren zur Wiederherstellung der Arbeitskraft erforderlichen Kleinbesitz verstehen. Derartige Mißverständnisse erklären erst den Einfluß des bürgerlichen Denkens und der Produkte des bürgerlichen Denkens auf die Lohnarbeiter. Die herrschende Klasse spricht sie nicht als besitzlose Arbeitskräfte an, sondern als Besitzer ihrer Reproduktionsmittel. Nur durch die partielle Bestimmung der Arbeiterklasse als Menge von Kleinbesitzern, die fadenscheinige Verbindung von ihre Reproduktionsmittel besitzenden Arbeitern und die Produktionsmittel besitzenden Nichtarbeitern ist der Anschein einer Interessengleichheit zwischen den beiden objektiv getrennten Klassen herstellbar.

Die Trennung zwischen Produktion und Reproduktion ist überhaupt eine Voraussetzung für den Verwertungszusammenhang des Privatkapitals. Die Vergesellschaftung der einen Sphäre und das Verharren der anderen auf einem vorindustriellen, naturwüchsigen Organisationsniveau bringen gemeinsam den kapitalistischen Markt, die Möglichkeit zur Vermarktung der Warenproduktion hervor. Nur auf dieser Basis sind Tauschabstraktion und Warenfetischismus möglich. Zur Überwindung des Kapitalismus — in welcher Form er auch immer aktuell auftreten mag — gehört nicht allein die Vergesellschaftung der Produktionsmittel; vielmehr muß ihr, um die Produktion falschen Bewußtseins auszuschließen, die Vergesellschaftung der Reproduktion zur Seite treten.

Die vorindustrielle Reproduktionsform auf der Basis der privaten Hauswirtschaft im Kapitalismus muß im Sozialismus schrittweise durch industrielle und gesellschaftliche Einrichtungen ersetzt werden, welche den Notwendigkeiten der materiellen Existenzsicherung des Menschen gerecht werden. Somit ist im Übergang vom Sozialismus zum Kommunismus entscheidend, daß die materielle und kulturelle Versorgung fortschreitend von der Familie auf die gesellschaftliche Finalproduktion von Reproduktionsgütern übertragen wird. »Die aus der kapitalistischen Produktionsweise hervorgehende kapitalistische Aneignungsweise, daher das kapitalistische Privateigentum, ist die erste Negation des individuellen, auf eigene Arbeit gegründeten Privateigentums. Aber die kapitalistische Produktion erzeugt mit der Notwendigkeit eines Naturprozesses ihre eigene Negation. Es ist Negation der Negation. Diese stellt nicht das Privateigentum wieder her, wohl aber das individuelle Eigentum auf der Grundlage der Errungenschaften der kapitalistischen Ära: der Kooperation und des Gemeinbesitzes der Erde und der durch die Arbeit selbst produzierten Produktionsmittel.«[88] Dieser Bestimmung tritt als adäquate Form der gesellschaftlichen Aneignung des gesamtgesellschaftlich produzierten Wertes die Vergesellschaftung der Reproduktion zur Seite.

Im Begriff der Massenunterhaltung, der Massenorganisation usw. liegen Erscheinungen vor, welche Formen der Vergesellschaftung der Reproduktion vorwegzunehmen scheinen. Da es sich dabei um Tendenzen handelt, die der Isolation und Atomisierung der Menschen in der Kleinfamilie entgegenwirken, ist ihre nähere Untersuchung erforderlich.

VI

Formen der Vergesellschaftung in der Reproduktionssphäre

1. Traditionen der Arbeiterbewegung

Die Arbeiterbewegung verfügt praktisch seit ihren Anfängen über Traditionen und Modelle der faktischen gesellschaftlichen Organisation aller Lebensbereiche. Entsprechende Ansätze wurden von den utopischen Sozialisten in die Erfahrung der Arbeiterklasse eingebracht. Sie stützten sich dabei auf Konzepte von Humanisten wie Moore und Campanella, die im 16. Jahrhundert Pläne für Stadtkommunen entworfen hatten. In diesen waren keine privaten, sondern nur gesellschaftliche Formen der Aneignung und des Lebens vorgesehen. Die utopischen Sozialisten führten diese Gedanken zu Beginn und auf der Grundlage der industriekapitalistischen Entwicklung weiter. Unter anderen erarbeiteten Owen in England und Fourier in Frankreich detaillierte, bis in architektonische Einzelheiten ausgeführte Modelle kollektiven Arbeitens und Wohnens.

Der Fortschritt der Arbeiterbewegung in der zweiten Hälfte des 19. Jahrhunderts steht in engem Zusammenhang mit der Entwicklung von kollektiven Lösungen für brennende Reproduktionsprobleme. Die Gründung von Wohn- und Konsumgenossenschaften der Arbeiter war ein Versuch, eigeninitiativ durch Teilvergesellschaftung die akute Wohnungsnot zu bekämpfen und der sekundären Ausbeutung durch den Kleinhandel bei der Nahrungsbeschaffung einen Riegel vorzuschieben. Das Prinzip der gegenseitigen Hilfe und der kollektiven Haltung war dabei von hervorragender Bedeutung. Es wurde dadurch der unmittelbare materielle Nutzen solidarischen Handelns demonstriert und die Möglichkeit unterstrichen, den kapitalistischen Verwertungszusammenhang zum Vorteil des Proletariats aufzuheben. Daß diese Qualität den Wohnungs- und Konsumgenossenschaften — wie wir sie jetzt kennen — abhanden gekommen ist, sollte nicht dem Modell selbst angelastet werden. Das liegt vielmehr daran, daß diese Einrichtungen heute wie kapitalistische Konzerne geführt werden.

Neben der Gründung derartiger Selbsthilfeorganisationen gab es auch intensive Bemühungen um eine kollektive Organisation der Lohnabhängigen in ihrer arbeitsfreien Zeit. Als Vorfeld- und zeitweilig Tarnorganisationen wurden zu diesem Zweck Kultur- und Sportvereine gebildet. Den bürgerlichen Turn- und Sportvereinen kam es auf die vormilitärische Erziehung und die Wehrertüchtigung ihrer Mitglieder an. Die Arbeitersportvereine suchten hingegen das politische Bewußtsein ihrer Aktiven zu entwickeln. Im vierten Teil des Filmes »Kuhle Wampe«, der unter der Mitarbeit von Bertolt Brecht gemacht wurde, ist dargestellt, was das heißt: Vergesellschaftung der Freizeitbetätigung. Das Sportfest, welches im Zentrum dieses Filmabschnitts steht, wird von den aktiven Sportlern gemeinsam propagandistisch vorbereitet und organisiert, gemeinsam lösen sie das Problem des Transports der Mitwirkenden und der Zuschauer, gemeinsam stellen sie die notwendigen Sportgeräte her und gemeinsam installieren sie die Sportanlagen. Die Wettkämpfe werden für den Auftritt einer Propagandatruppe unterbrochen, um die politische Bildung der anwesenden Arbeiter voranzutreiben. Gerade in Verbindung mit klassenspezifischer Kultur- und Bildungsarbeit wurde auf diese Weise der proletarischen Gegenkultur eine Grundlage und ein Inhalt gegeben. Diese Ansätze zur Vergesellschaftung der Reproduktion trugen zur Entwicklung des Klassenbewußtseins, des Selbstvertrauens in die eigene Kraft und der revolutionären Perspektive im politischen Bereich bei.

Parallel zur Entfaltung der Arbeiterbewegung auf politischer Ebene und in den genannten Reproduktionsbereichen entwickelte die Arbeiterklasse eindrucksvolle Formen kollektiver Selbstdarstellung und solidarischer Interessenartikulation. Massenstreik, Massenaufmarsch, Massendemonstration und Massenkundgebung in Verbindung mit der roten Fahne als Symbol der Arbeitermacht und immer neuen Kampfliedern als den Zeichen einer eigenständigen Kultur sind spezifische Kommunikations- und Ausdrucksmittel. Sie schlagen der bürgerlichen Tradition des individuellen Anwaltswesens ins Gesicht: Nicht mehr ist ein einzelner Abgesandter gehalten, die Interessen seiner Partei diskret zu deponieren; vielmehr sind das Formen, mittels derer eine Klasse kollektiv ihre Ansprüche anmeldet.

Die Bedeutung der abrißhaft dargestellten Kollektivorganisationen geht aus dem Kampf zwischen Sozialdemokraten und Kommunisten um den Einfluß auf die Kultur- und Sportvereine während der Weimarer Republik hervor. Die Sozialdemokraten versuchten auch in diesem Bereich alle revolutionären Tendenzen zurückzudrängen, die Arbeiter auf den mit dem Kapital eingegangenen »Burgfrieden« festzulegen. Dem stehen die Anstrengungen der KPD gegenüber, auch über diese Organisationen auf die Arbeiter Einfluß zu gewinnen, um die proletarische Politik der Partei zu stärken.

Die sportliche Betätigung der Lohnarbeiter kann sowohl Ablenkungsfunktion von ihrem objektiven Arbeits- und Lebenszusammenhang haben, als auch einen Stellenwert in der prozeßhaften Ausbildung von Klassenbewußtsein. Der Verzicht der Sozialdemokratie auf eine klassenspezifische Einschätzung der proletarischen Körperkultur bahnte sich bereits in der Weimarer Republik an: »Wie nah sich Sozialdemokraten, ›reformistische‹ Arbeitersportler und Deutsche Turner gekommen waren, zeigt der Anbiederungsversuch Carl Severings an die militärischen bürgerlichen Turner. Auf dem Deutschen Turnfest schmeichelte er ihnen: ›Auf den Schultern der Turner ruht die deutsche Republik‹. Derselbe Severing war es auch, der später beim 2. Bundesfest des ATSB in Nürnberg (1929) vorschlug, man müsse alle großen Turnorganisationen Deutschlands ›unter einen Hut bringen, (um) den einen harmonischen Menschen der Zukunft zu gestalten‹.«[89] Konsequenz dieser Entwicklung ist die »Entpolarisierung« des Sports in der Bundesrepublik. Aber auch in Österreich, wo die Arbeiter-Turn- und Sportvereine unter der Ägide eines eigenständigen Dachverbandes fortbestehen,

verdrängt die Ablenkungsfunktion seit dem Ende des Zweiten Weltkriegs vollkommen den politisch-mobilisierenden Aspekt dieser Bewegung. Hinzu kommt, wie bereits dargelegt, daß den Kleinvereinen die Existenzgrundlage schrittweise entzogen wird sowohl durch die Tendenz zur Konzentration des Leistungssports bei den Großvereinen, als auch durch die Privatisierung des Fitnesstrainings, wie sie die Sportartikelindustrie anstrebt.
Die sportlichen Erfolge der DDR auf internationaler Ebene beruhen hingegen auf der richtigen Einschätzung der gemeinschaftlichen sportlichen Betätigung insbesondere der Jugend als einem wichtigen Element der kollektiven sozialistischen Kultur. Sportliche Spitzenleistungen sind hier die Konsequenz einer breit angelegten Bewegung (Spartakiaden), die ihren Platz in der Entfaltung einer neuen Lebensweise hat. Während also in der DDR eine Rückkoppelung zwischen Breiten- und Spitzensport besteht, haben die Spitzenleistungen von Sportlern in Westeuropa nur die Funktion, Publikum anzulocken. Sportbegeistert ist nicht, wer begeistert Sport betreibt, sondern sich von sportlichen Wettkämpfen begeistern läßt, um darüber seine alltägliche Wirklichkeit zu vergessen.
Traditionen der vergesellschafteten Reproduktion liegen auch in der Lösung des sozialen Wohnbaues durch die Gemeinde Wien in der 20er Jahren vor. Das städtebauliche Konzept der Gemeindebauten zielt auf die Homogenität der Bewohner und der kollektiven Nutzung von Gemeinschaftseinrichtungen. Die Planung für den Karl-Marx-Hof sah eine Anpassung der Wohnungsgröße an die Bedürfnisse der Familien entsprechend ihrem Entwicklungsstadium vor. Durch mobile Wände sollten die Wohneinheiten jederzeit vergrößert oder verkleinert werden können, so daß eine Familie, deren Kinder den Haushalt der Eltern verließen, Wohnraum an eine benachbarte Partei abgeben konnte, die gerade zahlenmäßig zunahm. Die Realisierung dieses Modells, wozu es in Wien freilich nicht kam, setzt allerdings eine Reduzierung des Eigentumsfetischismus und die Entfaltung des Klassenbewußtseins voraus.
Auch die WÖK (Wiener Öffentliche Küchen) sind eine gesell-

schaftliche Einrichtung, die tendentiell dazu geeignet wäre, die private Hauswirtschaft zu entlasten. Sie werden von der Gemeinde Wien betrieben, sind mit zentralen Großküchen ausgestattet und weisen im Kerngebiet der Stadt ein relativ dichtes Verteilungsnetz auf. In den WÖK-Lokalen werden Menüs verschiedener Preisklassen angeboten, die aber in jedem Fall unter den entsprechenden Gasthauspreisen liegen. Dadurch, daß diese Speiselokale hauptsächlich in Geschäftsvierteln und Altwohngebieten, nicht aber in Stadtrandgebieten angesindelt sind, kommt diese Einrichtung primär den Büroangestellten kleinerer Betriebe und Pensionisten zugute. Zur tatsächlichen Entlastung der privaten Hauswirtschaft der Arbeiterfamilien tragen sie nicht bei. Das Modell selbst jedoch könnte bei konsequenter Anwendung gerade diesem Zweck dienstbar gemacht werden.
Insgesamt ist klar ersichtlich, daß die Traditionen der Arbeiterbewegung in der Vergesellschaftung der Reproduktionssphäre gemeinsam mit der immer deutlicheren Absage der Sozialdemokratie an die soziale Demokratie fortgesetzt zurückgedrängt werden. Folgerichtig angewandt und ausgebaut werden sie jedoch in den sozialistischen Übergangsgesellschaften zum Kommunismus. Bevor darauf näher eingegangen wird, sollen die Formen der Scheinvergesellschaftung betrachtet werden, wie sie das Kapital initiiert.

2. Formen der Scheinvergesellschaftung durch das Kapital

Der gesellschaftliche Charakter der Produktion zwingt das Kapital, Teilbereiche der Reproduktion der Arbeitskraft auf eine ähnliche Stufe zu stellen. Musterbeispiel ist dafür die schulische Erziehung der Kinder. Sie hat nicht die Funktion, die Familie von Erziehungsfunktionen zu entlasten. Vielmehr gibt die gesellschaftliche Bildung und Ausbildung der Kinder der familiären Sozialisation nur die für das Kapital notwendige Richtung an. Die Leistungsfähigkeit der Schüler in der bürgerlichen Gesellschaft hängt hingegen nach wie vor von ihrer Betreuung zu Hause ab. Somit macht die öffentliche Erziehung im Kapitalismus der Familie nichts streitig; jene ergänzt diese nur, wo dies für die Verwertungsinteressen des Kapitals erforderlich scheint. Ganz ähnlich verhält es sich mit der Kindergartenerziehung. Die öffentlichen Kindergärten stellen die familiare Erziehung nicht in Frage. Die Kindergarten-Tanten vertreten nur die berufstätigen Eltern. Die Institution fungiert somit nicht als eigenständige Erziehungsinstanz. Sie hat bloß die Funktion der Kinderaufbewahrung, um die Berufstätigkeit der Frau zu ermöglichen. Die Autorität der Eltern wird dadurch nicht geschwächt, sondern verstärkt; ebenso die Fixierung der Kinder an ihre Eltern.

In der kapitalistischen Gesellschaft wird der bürgerlichen Öffentlichkeit gesellschaftlicher Charakter schlechthin zugeschrieben. Sie ist angeblich der Ort, wo sich das persönliche Einzelinteresse den allgemeinen Notwendigkeiten zu beugen hat. Die Lebenssphäre des Bourgeois ist indessen dreigeteilt: Berufswelt, Privatleben, Öffentlichkeit. Im Selbstverständnis der herrschenden Klasse haben diese drei Bereiche nichts miteinander zu tun. Sie bleiben fein säuberlich getrennt. Im Interieur seiner Villa legt der Kapitalist seine Charaktermaske ab. Hier darf, hier muß die Welt heil und sauber sein. Hier versucht er zu vergessen, daß sein schöner Reichtum der häßlichen Ausbeutung der lebendigen Arbeitskraft wirklicher Menschen abgepreßt ist. Die Höhe seiner Ideologie erreicht der Kapitalist aber erst in seiner Öffentlichkeit. Er benützt sie, um seine Einzelinteressen durchzusetzen und als gesellschaftliche Notwendigkeiten hinzustellen. Zu Beginn der industriekapitalistischen Entwicklung dienten ihm dazu politische Vereine, in denen er persönlich auftrat und die er als Transmissionsriemen seiner Interessen zu instrumentieren suchte. Heute springen für ihn — auf der Basis vorangeschrittener Arbeitsteilung — die Politiker der bürgerlichen Parteien in die Bresche. Wie der gesellschaftliche Charakter der Produktion, so kommt auch der gesellschaftliche Charakter der Öffentlichkeit nicht den Bedürfnissen und Interessen der gesam-

ten Gesellschaft, sondern nur den Interessen der besitzenden Klasse zugute.
Im Interesse der Privatkapitals liegt auch die Vergesellschaftung von Reproduktionsfunktionen im Betriebsbereich. Die Errichtung von Werkssportvereinen und Freizeitklubs dient in Zeiten der Verknappung der Ware Arbeitskraft und der dadurch gesteigerten Mobilität der Lohnarbeiter dazu, die »Belegschaft« stärker an »ihre« Firma zu binden. Der Ausbau des betrieblichen Gesundheitsdienstes hat nicht die Funktion, den Gesundheitszustand durch Verstärkung der Vorbeugemedizin und in Verbindung mit der Verbesserung von Schutzeinrichtungen am Arbeitsplatz zu heben. Vielmehr sollen die Lohnarbeiter dadurch in Krankheitsfällen stärker kontrolliert und die Fehlzeiten verringert werden. Ebenso kommt die Einrichtung von Werkskantinen und -küchen über die Rationalisierung des Mittagsessen der Lohnarbeiter wieder dem Kapital zugute.
Wo es sich für das Kapital rentiert, läßt es die Vergesellschaftung von Teilbereichen der Reproduktion zu oder führt sie selbst durch. Auch das Phänomen des Faschismus und des Nationalsozialismus kann von diesem Standpunkt aus betrachtet werden. Es steht außer Zweifel, daß der Faschismus eine Konsequenz des Kapitalismus ist. Insbesondere der Nationalsozialismus rettete das Kapital, als die prozeßhafte Ausbildung des Klassenbewußtseins des deutschen Proletariats und seine klassenkämpferische Mobilisierung rasch voranschritt.
Daß der deutsche Faschismus seine Massenbasis teilweise auch aus der Arbeiterklasse rekrutieren konnte, ist weder mit der fehlerhaften Politik der Sozialdemokratie, noch mit der reaktionären Ideologie des Nationalsozialismus erklärbar. Es liegt wohl auch nicht an der kleinbürgerlichen Haltung von Teilen des deutschen Proletariats, wie Wilhelm Reich[90] meinte. Gewiß hatte die Übernahme von Symbolen der Arbeiterbewegung durch den Faschismus eine gewisse Funktion. Die nationalsozialistische Propaganda zog von traditionellen Artikulations- und Organisationsformen der Arbeiterklasse den politischen Inhalt ab und benützte sie als ästhetische Hüllen, in denen die faschisti-

schen Intentionen verschleiert und verwertet werden konnten. Der Erfolg des Nationalsozialismus dürfte aber primär damit in Zusammenhang stehen, daß er den Anschein einer Vergesellschaftung der Reproduktion wecken konnte.
Dieser Prozeß hatte nicht die Vergesellschaftung der Produktionsmittel zur Voraussetzung. Ganz im Gegenteil diente er der Aufrechterhaltung der herrschenden Besitzverhältnisse. Dennoch konnte der Nationalsozialismus, bis er sein wahres Gesicht zeigte, den Eindruck erwecken, durch die Gestaltung der »Volksgemeinschaft« die Ahnung des Proletariats von einer neuen, kollektiven Lebensweise zu erfüllen. Der Gegensatz zwischen Lohnarbeit und Kapital wurde durch die Ideologie der »Betriebsgemeinschaft« verwischt. Sie unterstellte die Interessengleichheit von Unternehmern und Lohnarbeitern. Einerseits wurde der Wert der deutschen Hausfrau und Mutter für die Familie als Keimzelle der »Volksgemeinschaft« beteuert, andererseits aber die Erziehung der Kinder und der Jugend durch die Eingliederung in die Hitlerjugend, die Umgestaltung der Schulerziehung, die Einführung des Arbeitsdienstes und die Wehrpflicht aus den Händen der Familie genommen. Die Familie — nicht aber die private Hauswirtschaft — wurde zerrissen; das beweist das Denunziantentum der Kinder gegen die Eltern, der Frauen gegen ihre Männer zur Genüge. Die Männer und die Frauen wurden ebenfalls in ihrer Freizeit organisiert; für alle Berufssparten und in allen Lebensbereichen wurde das gemeinschaftliche Zusammenwirken groß geschrieben. Da sich die Vergesellschaftung im Nationalsozialismus aber nicht auf die ökonomische Basis, industrielle Produktion und private Hauswirtschaft, bezog, sondern auf deren Überbau, »Volksgemeinschaft« und Familie, liegt der ideologische Charakter dieser Intention offen zu Tage. Es ging grundsätzlich nicht um die Veränderung der Gesellschaft, sondern um die wirkungsvolle Verschleierung ihrer Wirklichkeit. Daß das primär durch die Scheinvergesellschaftung der Reproduktionssphäre gelungen ist, beweist die Bedeutung der realen Vergesellschaftung von Produk-

tion und Reproduktion für die objektiven Bedürfnisse der Arbeiterklasse.
Letzte Konsequenz und höchstes Stadium dieser Scheinvergesellschaftung ist der Krieg. Es ist gerade dieser Aspekt, der in den Erzählungen der Teilnehmer am 2. Weltkrieg heute noch mitschwingt. Im Feld werden die imperialistischen Kriegsziele den Soldaten durch die hier herrschende und lebenswichtige Sonderform der Solidarität, der Kameradschaft, verschleiert. Von ihr ist jeder einzelne Mann — jenseits seines Dienstgrades — abhängig; ihr muß er sich unterwerfen, wenn er überleben will. Dadurch wird an der Front die Illusion einer klassenlosen Gesellschaft erweckt. Und die gesamte Lebensform der Frontsoldaten entspricht einem vollvergesellschafteten Status ihrer »Produktion« und Reproduktion. Solang der Nachschub funktioniert, braucht sich kein Soldat individuell um seine Ernährung, sein Quartier, seine Kleidung usf. zu kümmern. In der Armee wird gemeinsam gekämpft und gemeinsam gelebt. Die strikte Trennung zwischen Arbeit und Leben ist aufgehoben.

3. Vergesellschaftung der Reproduktion im Sozialismus

Infrastrukturelle Einrichtungen sind selbstverständliche Voraussetzungen der industriellen Produktion. Ganz ähnlich kann der Mensch die menschliche Seite seines Wesens nur dann entwikkeln, wenn seine materiellen Lebensbedürfnisse und ihre Befriedigung nicht der Hauptinhalt seines Lebens sind. Vielmehr sollten auch sie quasi infrastrukturell gesättigt werden. Im Vergleich zu vorangehenden Epochen hat die industriekapitalistische Gesellschaftsformation in dieser Richtung keine qualitativen Veränderungen herbeigeführt. Sie hat nur noch den Druck auf die Menschen verstärkt, ihr ganzes Leben auf den Erwerb des Lebensunterhalts einzustellen. »Die Schranke des *Kapitals* ist, daß ... das Herausarbeiten der Produktivkräfte, des allgemeinen Reichtums etc., Wissens etc. so erscheint, daß das arbeitende Individuum selbst sich *entäußert;* zu den aus sich herausgearbeiteten nicht als Bedingungen *seines eigenen,* sondern *fremden Reichtums* sich verhält.«[91] Der Besitz an den Produktionsmitteln räumt dem Kapital die Herrschaft über die Arbeitskraft, die menschliche Funktionen der Menschen ein. Auf der Strecke bleibt »die Entwicklung des gesellschaftlichen Individuums« (Marx), weil nicht der Mensch, sondern die Verwertung seiner Arbeitskraft Gegenstand des Kapitalinteresses ist.

Mit der Aufhebung des Privatbesitzes an den Produktionsmitteln schufen die sozialistischen Übergangsgesellschaften zum Kommunismus die Voraussetzung für die Aufhebung der Herrschaft des Menschen über den Menschen. Als notwendige Bedingung für die Befreiung des Menschen kommt die Aufhebung der Trennung von Produktion und Reproduktion hinzu. Es wird damit dem Kapital seine Verwertungsmöglichkeit entzogen und dem falschen Bewußtsein der Ort seiner Produktion genommen. Die Vergesellschaftung der Reproduktion wird zur Form der gesellschaftlichen Aneignung des gesellschaftlich erarbeiteten Reichtums. Auf diesen Aspekt, bezogen auf die Befreiung der Frau von der vorindustriellen Last der Hausarbeit, ist Lenin in dem Parteiprogramm eingegangen, das der VII. Parteitag der RKP (B) 1919 beschlossen hat: »Die Partei beschränkt sich nicht auf die formale Gleichberechtigung der Frau, sondern ist bestrebt, sie von der materiellen Last der veralteten Hauswirtschaft zu befreien, indem sie diese durch Kommunehäuser, öffentliche Speisegaststätten, zentrale Wäschereien, Kinderkrippen usw. ersetzt.«[92]

Die Bedeutung der Vergesellschaftung der Reproduktion für die Entwicklung der sozialistischen Gesellschaft hebt auch der sowjetische Autor Gradow in einer 1971 als Übersetzung in der DDR erschienenen Arbeit hervor: »Die Vergesellschaftung der Hauswirtschaft bildet eine notwendige Voraussetzung, um hier die Arbeitsproduktivität auf das Zehn- und sogar Hundertfache durch Mechanisierung und Rationalisierung zu steigern. Die Vergrößerung und Konzentration der Kleinproduktion sind eine gesetzmäßige Forderung des gegenwärtigen Fortschritts.

Und schon allein wegen ihrer ökonomischen Zweckmäßigkeit – von ideologischen Aspekten ganz zu schweigen – ist die Vergesellschaftung der Versorgungssphäre progressiv und historisch unvermeidbar. ... Dadurch, daß die Vergesellschaftung der kulturellen und materiellen Versorgung die Voraussetzungen für eine allseitige Entwicklung der Menschen schafft, bildet sie eines der ersten Merkmale der kommunistischen Lebensweise. In der Perspektive wird auf dieser Grundlage ein System gebührenfreier gesellschaftlicher Einrichtungen und Versorgungsbetriebe entstehen, welche die unterschiedlichen Bedürfnisse der Mitglieder der Gesellschaft voll befriedigen. ... Uns interessiert jedoch die Vergesellschaftung jener ›Funktionen‹, welche nach wie vor die Grundlage der Hauswirtschaft bilden und die mit individuellen und handwerklichen Methoden ausgeführt werden. Das sind die Ernährung, Dienstleistungen sowie die Erziehung der Kinder. Gerade ihre Vergesellschaftung soll die Frau von der unproduktiven Arbeit in der Hauswirtschaft befreien. Mit Hilfe technisch gut ausgerüsteter Betriebe wird der Arbeitsaufwand durch gesellschaftliche Speisung und Dienstleistung um das Zehnfache gesenkt und deren hohe Qualität gewährleistet. Die gesellschaftliche Erziehung der Kinder im Kollektiv und auf wissenschaftlich-methodischer Grundlage hat bei Vorhandensein hochqualifizierter Erzieher und Pädagogen, bei entsprechender Ausstattung und entsprechenden hygienischen Bedingungen unvergleichlich bessere Ergebnisse und einen geringeren Arbeitsaufwand zur Folge.«[93]

Nach der Oktoberrevolution und dem Ende des Kriegskommunismus konzentrieren sich die Anstrengungen zur Vergesellschaftung der Versorgung primär auf die Lebensmittelbeschaffung. Sodann wurde die Vorschulerziehung der Kinder, das Schul- und Hochschulwesen, der Gesundheitsdienst, die Körperkultur und der Sport, die Kultur und das Bildungswesen für das Proletariat ausgebaut. Die Vergesellschaftung der hauswirtschaftlichen Funktionen ist jedoch nicht bloß eine gesellschaftspolitische Frage, sondern vor allem ein ungeheures finanzielles Problem. Sie setzt zwar eine große Zahl von Arbeitskräften, die

bislang unproduktiv eingesetzt waren, zur produktiven Arbeit frei, erfordert aber anspruchsvolle Vorausinvestitionen, um die Reproduktionsaufgaben der Hauswirtschaft tatsächlich und auf höherer Qualitätsstufe durch gesellschaftliche Produktion zu ersetzen. Obwohl die Mittel zur entsprechenden Umgestaltung der gesamten oder wesentlichen Teile der Sowjetgesellschaft nicht vorhanden waren — und im Hinblick auf die Gesamtentwicklung des Landes bis heute nicht verfügbar sind —, wurde in den Jahren zwischen 1925 und 1930 auf breiter Basis mit Konzepten kollektiven Wohnens experimentiert. Die Bewegung für eine neue Lebensweise knüpfte an die Traditionen der utopischen Sozialisten an. Die sowjetischen Architekten verzichteten aber darauf, eine Verbindung zwischen Arbeiten und Wohnen herzustellen. Ihre Anstrengungen konzentrierten sich vielmehr auf den Entwurf von Kommunehäusern, die für sie die Ebene der gesellschaftlichen Bewältigung der Reproduktionsfunktionen darstellten.
Die meisten Kommunehaus-Projekte kamen über das Planstadium nicht hinaus. Gradow berichtet, daß immerhin rund zehn Kommune- und Kollektivhäuser, hauptsächlich in Leningrad und Moskau, realisiert wurden. Der Autor kritisiert an den ausgeführten Beispielen, daß in ihrer Planung die Dialektik zwischen Kommunehaus und Stadt nicht richtig reflektiert wurde. Dadurch kam es zu wirtschaftlich nicht vertretbaren Dimensionierungen der Gesellschaftseinrichtungen; entweder war der finanzielle Aufwand zu groß oder die Kapazität zu gering. »Die Architekten waren bestrebt, die Kommunehäuser mit fast allen Arten gesellschaftlicher Einrichtungen, einschließlich Schule, Klubs, Bibliotheken und Sporthallen, die völlig unterschiedlichen städtebaulichen Normativen unterliegen, vollzustopfen. All diese Einrichtungen, von denen viele den ganzen Wohnbezirk hätten versorgen können, fielen einer relativ kleinen städtebaulichen Einheit zur Last und führten zur Aufgabe der ökonomischen Vorteile der Kommunehäuser gegenüber den traditionellen Wohngebäuden.«[94]
Ziel dieser Experimente war es, Prinzipien des wissenschaftli-

chen Sozialismus durchzusetzen wie die Vergesellschaftung der Hauswirtschaft auf der Basis der Vergesellschaftung der Produktion und die Ablösung der familiären durch die gesellschaftliche Erziehung der Kinder. In der planerischen Praxis wurde aber zumeist über dieses Ziel hinausgegangen: Nicht die private Hauswirtschaft war der Hauptangriffspunkt, sondern die Familie überhaupt. Offenbar beeinflußt durch die dem Taylorismus und Fordismus zu Grunde liegenden time and motion studies, wurden die Wohnfunktionen in ihre einzelnen Prozesse (nach W. Kusmin 24 verschiedene Tätigkeiten[95]) zerlegt, um sie auch räumlich-architektonisch voneinander zu trennen. Als eigentlicher privater Wohnbereich blieben so bloß Einzelschlafräume mit ganz geringen Grundflächen. Alle anderen Bedürfnisse sollten letzten Endes durch Gemeinschaftseinrichtungen erfüllt werden. Das extremste Experiment war der Bau eines von I. S. Nikolajew entworfenen Kommunehauses für 2000 Studenten in der Moskauer Donskojgasse: »Hier ging man vom Prinzip der Spezialisierung der Lern- und Wohnprozesse aus und sah demzufolge Lehr-, Eß-, Erholungs-, Schlaf-, Sport- und Kulturräume vor. Das Kommunehaus besteht aus drei Gebäuden — dem achtgeschossigen Bettenhaus, dem dreigeschossigen Block für sportliche Tätigkeit und dem dreigeschossigen Block für Lehrveranstaltungen — sowie einer Gaststätte mit 500 Plätzen. Nach einer Idee des Autors sollten die 6 qm großen Schlafräume (3 qm je Person) nur nachts benutzt werden, und zwar sollten die Studenten den Schlafraum bereits im Schlafanzug betreten. Es war vorgesehen, einem Mangel an Frischluft durch eine Zwangslüftung mit einer achtmaligen Luftumwälzung je Stunde zu begegnen. An Gemeinschaftsräumen waren eine Gaststätte (mit vier Durchgängen), ein Lesesaal mit 150 Plätzen und Bücherspeicher, ein Vorlesungssaal mit transportablen Zwischenwänden für 300 Personen, individuelle Kabinen für 150 Personen, ein Sportsaal und ein Veranstaltungsraum mit 1000 Plätzen geplant.«[96]

Diese Überspitzungen führten dazu, daß der Bewegung für eine neue Lebensweise durch einen Parteibeschluß plötzlich Einhalt geboten wurde. »Am 16. Mai 1930 wurde der Beschluß der KPdSU (B) ›Über die Arbeit zur Umgestaltung der Lebensweise‹ veröffentlicht. In diesem Beschluß schätzte man das Anwachsen der Bewegung für eine sozialistische Lebensweise sehr positiv ein. An gleicher Stelle werden jedoch Versuche einer sofortigen Vergesellschaftung des Wohnen mit fehlerhaften Methoden als völlig unbegründet, halbphantastisch und daher äußerst schädlich bezeichnet. Obwohl in diesem Beschluß die ultralinken Überspitzungen, die zur Diskreditierung der Konzeption zur sozialistischen Umgestaltung der Lebensweise führen können, kritisiert werden, endet der Beschluß mit Hinweisen zur verstärkten Entwicklung der gesellschaftlichen Versorgung der Werktätigen.«[97] Von nun an wurde das Schwergewicht auf die Versorgung der Bevölkerung mit gesellschaftlichen Einrichtungen wie Kinderkrippen und Kindergärten, Schulen und Hochschulen, Gaststätten und Handelsgeschäften, Dienstleistungsbetrieben und Krankenhäuser, Bibliotheken, Kinos und Klubs gelegt. Die entsprechende Versorgungsstruktur mußte praktisch aus dem Boden gestampft werden, da im zaristischen Rußland und insbesondere in den asiatischen Republiken nicht die geringsten Ansätze dazu vorhanden waren. Gradow kritisiert, daß auch heute das Verständnis für die Bedeutung der Gesellschaftsbauten bei der Errichtung neuer Wohngebiete fehlt. Sein Buch ist aber der beste Beweis dafür, welche perspektivischen Chancen sich für die Errichtung einer neuen Lebensweise im Sozialismus ergeben. »Es kann keineswegs als künftiges Ideal angesehen werden, zwei Städte, eine Stadt der Arbeit und eine Stadt der Erholung, zu errichten. Aber gerade hierin liegt der Widerspruch des modernen westlichen Städtebaus und der Grund seines Untergangs. Das erkennen die Soziologen der kapitalistischen Welt inzwischen selbst. Der Kommunismus verfügt seinem Wesen nach über große gesellschaftliche und wissenschaftlich-technische Vorteile und ist in der Lage, eine Zweiteilung der Stadt zu vermeiden, die Stadt mit der Natur zu verbinden und auf der Grundlage der modernen Industrialisierung einen hohen Komfort zu gewährleisten. Das bedeutet, daß in der Stadt selbst optimale natürliche und hygienische Bedingungen für ein lebensfreudiges Dasein aller Menschen geschaffen werden müssen. Eines der radikalsten Mittel der Lösung dieses Problems besteht in der Beschränkung der Einwohnerdichte und der Herabsetzung des Baukoeffizienten auf 10 bis 12%. Das ist möglich durch die Erhöhung der Geschoßanzahl auf 20 bis 30 und mehr Geschosse und durch den Übergang zum kollektiven System der Versorgung. Das sichert in Verbindung mit den oben angeführten Maßnahmen eine solche Umwandlung der Stadt, die Wohngebiete zu gründurchzogenen Erholungsgebieten macht.«[98] Um dieses Ziel zu erreichen, ist die Revolutionierung der Produktionstechnik zur Verbindung von Wohnen und Arbeiten und die Errichtung der Gesellschaftsbauten in näheren oder weiteren Abständen von den Wohnungen je nach ihrer Benutzungsfrequenz vorausgesetzt.

Ein näher liegendes Beispiel für den Fortschritt der gesellschaftlichen Versorgung im Sozialismus bietet die DDR. Hier hat insbesondere der gesellschaftliche Charakter der Versorgung im Erziehungs- und Bildungssektor ein hohes Niveau erreicht. »Das einheitliche Bildungssystem der DDR umschließt ein vielfältiges Bildungsangebot, das mit der Vorschulerziehung einsetzt und bei der Erwachsenenqualifizierung endet. Die Vorschulerziehung findet in der DDR vorwiegend im Kindergarten (3 bis 6 Jahre) statt, der an die Kinderkrippen (bis zu 3 Jahren) anschließt. In den Kinderkrippen waren 1971 28% der betreffenden Jahrgänge untergebracht, gleichzeitig waren mehr als zwei Drittel aller Kinder (68%) in kommunale oder Betriebskindergärten aufgenommen, während in der BRD nur für etwa jedes 3. Kind ein Platz im Kindergarten zur Verfügung steht.«[99] Dieser Vorsprung der DDR setzt sich über die Hortplätze bis zur Quantität und Intensität der Erwachsenenbildung fort. Prinzip des Schulwesens ist eine Durchlässigkeit nach allen Qualifikationsstufen hin und die Fortsetzung des Bildungswegs in jedem Alter. Hier erübrigt sich auch die negative Dialektik zwischen familarem Bezug, Individualismus und gesellschaftlicher Anpassung der kapitalistischen Bildungssysteme; vielmehr wird

die klare politische Linie in Zusammenhang mit den Erfordernissen zum Auf- und Ausbau der sozialistischen Gesellschaft in den Vordergrund gestellt. Insofern unterstützt die Erziehung in der DDR nicht die private Familienideologie, sondern stellt ihr konsequent die gesellschaftliche Verankerung der Menschen gegenüber. Die Vergesellschaftung der Reproduktion wird auf den Gebieten Gesundheitswesen, Sport und Kultur ebenfalls intensiv vorangetrieben. Die Maßnahmen zur Vergesellschaftung der Hauswirtschaft stellen hingegen ein ungeheures finanzielles Problem dar. Die Verteidigungsposition, welche die sozialistischen Staaten gegenüber dem Imperialismus der kapitalistischen Mächte einzunehmen gezwungen sind, erlaubt es offenbar in Verbindung mit ihren schlechten wirtschaftlichen Ausgangsbedingungen nicht, dieses Ziel schon jetzt in vollem Umfang in Angriff zu nehmen.
Hingegen stellt sich gerade in den westeuropäischen Industriestaaten angesichts der Desorganisation der Reproduktionssphäre und der Anhäufung von immer mehr Reichtum in immer weniger Händen die Frage, wie hier die Vergesellschaftung der Reproduktion auf der Basis der Vergesellschaftung der Produktionsmittel zu lösen ist. Die Beantwortung dieser Frage scheint von hervorragender Bedeutung, wenn der Arbeiterklasse in Westeuropa nicht bloß ein abstraktes Ziel gesetzt, sondern sie zum Erreichen dieses Ziels auch konkret durch materielle Anreize motiviert werden soll. Zu diesem Zweck gilt es, die entsprechenden Traditionen der Arbeiterbewegung und die einschlägigen Erfahrungen der sozialistischen Länder aufzuarbeiten. Diese Arbeit kann nicht über Nacht und von einigen wenigen Menschen geleistet werden. Vielmehr sind dazu die Anstrengungen aller revolutionären Kräfte in Westeuropa erforderlich. Im Folgenden werden einige technische Möglichkeiten zur Vergesellschaftung der Reproduktion auf der Basis von hohem Industrialisierungsniveau und großem gesellschaftlichem Reichtum angeführt.

4. Modelle vergesellschafteter Reproduktion

Der Maßstab für die Beurteilung derartiger Modelle ist der Grad, zu dem sie die Familie tatsächlich von hauswirtschaftlichen Funktionen entlasten, also den materiellen Druck auf die Familien und zur Familiengründung durch die Lohnarbeiter abschwächen. Es ist offenkundig, daß die Massenunterhaltung des Fernsehens und die Massenveranstaltungen von Sport und Showgeschäft dazu keinen Beitrag leisten. Diese haben nur den Zweck, den Lohnarbeitern ihren Lebenszusammenhang zu unterschlagen, indem sie den Schein kollektiven Zusammenlebens simulieren. Ein entscheidender Schritt in die angegebene Richtung wäre die Vergesellschaftung der Speisenherstellung nicht nur auf Betriebs-, sondern auf gesamtgesellschaftlicher Ebene.
Die Finalproduktion des Essens in der privaten Hauswirtschaft oder auf der Basis handwerklicher Produktion in den Gaststätten ist mit unproduktivem Arbeitseinsatz und hohen Kosten verbunden. Das Ergebnis ist in vielen Fällen schlecht oder es entspricht nicht den Anforderungen der Ernährungswissenschaft. Gastrische Leiden und Fettleibigkeit beeinträchtigen das Gesundheitsniveau. Überdies besteht die angebliche Vielfalt der hauswirtschaftlichen Speisenherstellung primär darin, daß dasselbe Gericht in verschiedenen Haushalten nur an verschiedenen Tagen verzehrt wird. Tatsächlich stehen schon aufgrund von Kostenfragen nur geringe Wahlmöglichkeiten offen. Woche für Woche wird die Produktion der gleichen Gerichte in veränderter Reihenfolge wiederholt. Jahr für Jahr werden die gleichen Ernährungsfehler gemacht.
Diese Situation kann nur durch die industrielle Finalproduktion des Essens geändert werden. Eine dermaßen vergesellschaftete Speisenherstellung stellt sich auf ernährungswissenschaftliche Grundlagen und strebt ein hohes qualitatives Niveau an. Es basiert auf einer Dialektik zwischen zentraler Produktion und dezentraler Verteilung. Einerseits wird dadurch eine ökonomische Beschaffung der Rohstoffe, die wirtschaftliche Produktion einer großen Vielfalt von Gerichten und die permanente medizinische

Kontrolle der Herstellung gewährleistet. Andererseits können aufgrund des Einsatzes von Infrarotherden, die die finalproduzierten Speisen in Sekundenschnelle genußfertig machen, viele dezentrale Verteilungseinheiten errichtet werden. In ihnen ist das Gesamtangebot der vergesellschafteten Essensproduktion verfügbar, ohne daß hoher Personaleinsatz erforderlich wäre. Durch Selbstbedienung ist unter diesen Voraussetzungen eine sinnvolle Rationalisierung möglich, obwohl die Auswahl das Angebot der traditionellen Gaststätten um ein Vielfaches übertrifft.

In ähnlicher Form ist die gesellschaftliche Bewältigung der Wohnungsreinigung denkbar. Hier bietet sich in Zusammenhang mit entsprechenden architektonischen Maßnahmen die Errichtung kleiner Dienstleistungseinheiten, die mit mechanischen Reinigungsgeräten auszustatten wären, im Nahbereich aller Wohnungen an. Die Arbeitsgruppen könnten gleichzeitig die Wäsche und Kleidung zur Reinigung in Großwäschereien übernehmen. Erst auf der Stufe der gesamtgesellschaftlichen Versorgung ist in diesen Bereichen der wirtschaftliche Vorteil der großindustriellen Arbeitsprozesse zu erzielen.

Modelle der kollektiven Kindererziehung existieren bereits. Sie müßten auf wissenschaftlicher Grundlage weiterentwickelt und praktisch erprobt werden. Durch die oben angeführten Einrichtungen würde sich die materielle Abhängigkeit der Kinder von ihren Eltern, wie sie heute oft bis zur Gründung ihrer eigenen Familie besteht, stark reduzieren. Schon dadurch wäre ein neues Verhältnis zwischen Eltern und Kindern gegeben.

Was die Service- und Reparaturdienstleistungen betrifft, so könnten diese von den kommunalen Stellen übernommen werden, die schon jetzt für die materielle Infrastruktur der Haushalte wie Gas, Wasser und Strom zuständig sind. Mobile, mittels Funk dirigierbare Arbeitsgruppen könnten jene Reparaturarbeiten wirtschaftlich durchführen, die in den Wohnungen anfallen. Durch die Konzentration der Bauhilfsgewerbe werden gegenwärtig derartige Arbeiten bereits in vielen Fällen von den

Handwerkern verweigert. Das führt zu einem raschen Verfall auch neu gebauter Wohnungen.
Hierfür und vor allem auf dem Gebiet der kulturellen Versorgung der Menschen liegen in den sozialistischen Ländern zum Teil hervorragende Modelle vor. Man muß dem den wesentlich größeren, allerdings privat angeeigneten Reichtum der westeuropäischen Staaten gegenüberstellen, um zu begreifen, welche Möglichkeiten zur Umgestaltung der gesamten Lebensweise sich hier nach der Machtergreifung des Proletariats anbieten.
Die gesamtgesellschaftlichen Friktionen im Kapitalismus im Verkehrs-, Wohnungs-, Erziehung-, Kommunikationssystem usf. müssen zum Anlaß für den Entwurf sozialistischer Gegenmodelle genommen werden, die sich auf die ökonomischen Möglichkeiten des jeweiligen Landes beziehen. In diesem Bereich hat es keinen Sinn, stur irgendwelche Modelle nachzubeten. Es kommt vielmehr darauf an, adäquate Lösungen zu entwerfen, die konkreten Problemstellungen gerecht werden. Hier hat insbesondere die revolutionäre Arbeiterbewegung im kapitalistischen Mitteleuropa einen großen Nachholbedarf.

Zusammenfassung

Politische Konsequenzen der Reproduktionstheorie

Das gesellschaftliche Sein der Menschen ist im Kapitalismus von den beiden grundsätzlichen Formen ihrer produktiven Tätigkeit bestimmt: vergesellschaftete Arbeit und private Hauswirtschaft.

Der Zwang, der auf den besitzlosen Arbeitern zur vergesellschafteten Arbeit im industriellen Produktionsprozeß lastet, stempelt sie objektiv zur Klasse an sich. Der Grundwiderspruch zwischen Kapital und Lohnarbeit besteht darin, daß sich das Proletariat »zu den aus sich herausgearbeiteten nicht als Bedingungen *seines eigenen,* sondern *fremden Reichtums* und seiner eigenen Armut« (Marx) verhält. Die lebendige Arbeitskraft der Arbeiterklasse als die eigentliche Produktivkraft der industriellen Produktion stößt in ihrer Entfaltung immer wieder an die herrschenden Produktionsverhältnisse. Dadurch aber, daß die kapitalistischen Besitzverhältnisse im maschinellen Produktionsprozeß der großen Industrie den Anschein der objektiven Notwendigkeit erhalten, vermag sich das Klassenbewußtsein des Proletariats nur bedingt am Klassengegensatz aufzurichten. »Die Aneignung der lebendigen Arbeit durch die vergegenständlichte Arbeit — der verwertenden Kraft oder Tätigkeit durch den für sich seienden Wert —, die im Begriff des Kapitals liegt, ist in der auf Maschinerie beruhenden Produktion als Charakter des Produktionsprozesses selbst, auch seinen stofflichen Elementen und seiner stofflichen Bewegung nach gesetzt.«[100] Die Ausbeutung und Entfremdung der Lohnarbeiter in ihrer Arbeitssituation lenkt die Wünsche und Bedürfnisse des Individuums ab von seinen menschlichen Funktionen — primär seiner Fähigkeit zur Arbeit. Der Lebenszusammenhang des Proletariats verkürzt sich so auf die Befriedigung der materiellen Existenz in der arbeitsfreien Zeit. Hier erst findet der Warenfetischismus des Kapitalismus einen Ansatzpunkt.

Zur Reproduktion seiner Arbeitskraft wird der einzelne Arbeiter aus seinem vergesellschafteten Arbeitszusammenhang entlassen. Er fällt damit aus der industriekapitalistischen Gesellschaftsformation gleichsam zurück in eine vorindustrielle Entwicklungsstufe der Gesellschaft. In der privaten Hauswirtschaft herrscht der naturwüchsige Produktionszusammenhang des Privateigentums des Arbeiters an seinen Produktionsmitteln, die ihm allerdings nur — in Verbindung mit der industriekapitalistischen Warenwirtschaft — zur Reproduktion dienen. Da sich der Arbeiter aber »erst außer der Arbeit bei sich und in der Arbeit außer sich« (Marx) fühlt, orientiert er sich primär an seiner privaten Lebenssphäre. Die materielle Lage der Familie nimmt er zum Kriterium, nach dem er seine ganze Arbeits- und Lebenssituation einschätzt. Hinzu kommt, daß die kapitalistische Entwicklung des Proletariats einerseits mit immer mehr Kleinbesitz versieht und andererseits zur Befriedigung seiner Bedürfnisse immer stärker auf die Familie verweist.
Dieser Zusammenhang zwischen Produktion und Reproduktion behindert die automatische Entfaltung des Klassenbewußtseins im Proletariat, der ganzen Klasse der Lohnarbeiter. Dem steht aber gegenüber, daß das Kapital der Arbeiterklasse in zunehmendem Maße Ersatzbefriedigungen zur Verfügung stellt, ihre realen Bedürfnisse aber ungestillt läßt. Die Friktionen der kapitalistischen Gesellschaft im Reproduktionsbereich, in der Infrastruktur, die vorausgesetzt ist für die Verwertung des Kapitals und die Versorgung der Menschen, nehmen ständig zu. Mehr noch treten aber im Bereich der Produktion selbst neue Formen der Arbeitsplatzunsicherheit durch den raschen Innovationszyklus der Produktionsmittel und neue Formen der Arbeitbelastung durch fortlaufende organisatorische Veränderungen der Produktionstechnik auf. Im Weltmaßstab geht die Homogenität des Kapitalismus mit dem verblassenden Führungsanspruch der USA verloren. Statt dessen bildet sich ein immer stärkerer Widerspruch zwischen den international operierenden Monopolen und den nationalen Kapitalien heraus, der für den einzelnen Arbeiter in der rasch steigenden Inflationsrate spür-

bar wird. Aber auch diese Krisenzeichen führen nicht automatisch zur Ausbildung des Klassenbewußtseins, ebenso wie die kapitalistische Krise nicht notwendig zur Revolution führt. Die direkte faschistische und/oder militärische Gewalt wendet das Kapital allemal zu seinem Nutzen an, wenn es ihm — wie zuletzt in Chile — an den Kragen geht.

Es genügt daher nicht, unter neuem Titel und mit neuen Argumenten die Zusammenbruchs- und die Verelendungstheorie aufzuwärmen, womit sich die marxistische Linke insbesondere im kapitalistischen Mitteleuropa verzettelt. Von hervorragender Bedeutung ist vielmehr die Organisation der Lohnarbeiter. Und hierzu bietet die Reproduktionstheorie, wie sie in dieser Arbeit entworfen wurde, vielfältige Anhaltspunkte. Aufgrund der Konzentration und Zentralisation des Kapitals werden schrittweise sämtliche sozialen Tätigkeits- und Kommunikationsbereiche der Lohnarbeiter zerstört. Zusätzlich führt die Verkürzung der Unterhaltung auf das Fernsehen dazu, daß ihnen ihr wirklicher Lebenszusammenhang immer dichter verschleiert wird. Gerade in diesen für das Kapital nutzlos gewordenen und daher auch vom Proletariat nicht mehr von sich aus genutzten Freiräumen besteht aber der Ansatzpunkt für eine gegenkulturelle Bewegung. Sie muß mit neuen Mitteln vorgetragen werden. Zum Beispiel wäre überall dort unter Einsatz von mobilen Videorecorder-Teams spezielle Zielgruppenarbeit zu leisten, wo es im lokalen Bereich zu Friktionen im alltäglichen Lebenszusammenhang der Menschen kommt. Die Methode des operativen Schriftstellers, wie sie Tretjakov entworfen hat, könnte fortschrittlichen Autoren die Erarbeitung neuer kultureller Versorgungsmodelle für die Lohnarbeiter erlauben. Parallel dazu müßte der Versuch gemacht werden, neue Formen proletarischer Teilöffentlichkeiten zu schaffen. Kurz: Es müssen erhöhte Anstrengungen gemacht werden, um die Solidarisierung und Organisation der Arbeiter nicht bloß durch intellektuelle Diskussionen, sondern durch konkrete materielle Anreize zu unterstützen, die in der Reproduktionssphäre in der kollektiven Gestaltung der Freizeit bestehen. Es handelt sich dabei um eine unmittelbare Aktivität. Sie muß mit dem langfristigen Ziel der Umwälzung der kapitalistischen Gesellschaft vermittelt werden. Aber auch dieses Ziel muß wieder konkret ausgelegt werden. Unter dem Titel der Vergesellschaftung der Reproduktion ist die adäquate Form der gesellschaftlichen Aneignung des gesellschaftlich produzierten Reichtums gefunden. Der Begriff erlaubt es, entsprechend der spezifischen Situation einer kapitalistischen Gesellschaft klar zu machen, worin die konkreten Vorteile der Revolution für den einzelnen Lohnarbeiter und für seine Klasse bestehen.

ANMERKUNGEN

1 Karl Marx, Deutsche Ideologie, MEW 3, S. 26 f.
2 Frank Deppe, Das Bewußtsein der Arbeiter, Pahl-Rugenstein, Köln 1971, S. 183.
3 Karl Marx, Das Elend der Philosophie, MEW 4, S. 180 f.
4 Frank Deppe, a.a.O., S. 61.
5 Vgl. Anmerkung 1.
6 W. I. Lenin, Was tun?; in: Ausgewählte Werke, Bd. 1, Dietz Verlag, Berlin/DDR 1951, S. 209 (Anmerkung).
7 Frank Deppe, a.a.O., S. 191.
8 Karl Marx, Pariser Manuskripte (= Ökonomisch-philosophische Manuskripte), Rowohlts Klassiker, Reinbek 1970, S. 54 f.
9 Frank Deppe, a.a.O., S. 184.
10 C. A. Andreae, Ökonomik der Freizeit, Rowohlts deutsche Enzyklopädie, Reinbek 1970, S. 14.
11 Karl Marx, Das Kapital, Bd. 1, MEW 23, S. 789 f.
12 Ebenda, S. 790.
13 Ebenda, S. 775.
14 Alfred Sohn-Rethel, Warenform und Denkform, Europäische Verlagsanstalt, Frankfurt/M. 1971, S. 16.
15 Ebenda, S. 18.
16 Karl Marx, Das Kapital, Bd. 1, a.a.O., S. 50.
17 Ebenda, S. 98.
18 Ds., Das Kapital, Bd. 3, MEW 25, S. 260.
19 Wolfgang Littek, Industriearbeit und Gesellschaftsstruktur, Europäische Verlagsanstalt, Frankfurt/M. 1973, S. 135.
20 Martin Osterland u. a., Materialien zur Lebens- und Arbeitssituation der Industriearbeiter in der BRD, Europäische Verlagsanstalt, Frankfurt/M. 1973, S. 5.
21 H. Kern und M. Schumann, Industriearbeit und Arbeiterbewußtsein, 2 Bde., Frankfurt/M. 1970, S. 25; zitiert nach: Frank Deppe, a.a.O., S. 51 f.
22 Martin Osterland u. a., a.a.O.; die im Folgenden angeführten Zahlen sind dieser Quelle entnommen.
23 Ebenda, S. 138.
24 Ebenda, S. 146.
25 Frank Deppe, a.a.O., S. 168 f.
26 M. Tjaden-Steinhauer und K. H. Tjaden, Zur Analyse der Sozialstruktur des deutschen Kapitalismus; in: Das Argument 61, Dezember 1970, S. 658.
27 Shingo Shibata, Zur Theorie der Informationsrevolution; in: Deutsche Zeitschrift für Philosophie, Berlin/DDR 1972, 20. Jg., Heft 7, S. 878.
28 Martin Osterland u. a., a.a.O., S. 81 f.
29 Th. Hettinger u. a., Die physische Belastung an Arbeitsplätzen der Eisen- und Stahlindustrie; zitiert nach: Martin Osterland u. a., a.a.O., S. 76 f.

30 Martin Osterland u. a., a.a.O., S. 61.
31 Ebenda, S. 65.
32 Ebenda, S. 66.
33 Ebenda, S. 229 f.
34 Ebenda, S. 234.
35 Ebenda, S. 244.
36 Ebenda, S. 273.
37 Vgl. die von Marx im Kapital zitierten parlamentarischen Untersuchungsberichte und Engels „Die Lage der arbeitenden Klasse in England".
38 Claus Offe, Strukturprobleme des kapitalistischen Staates, Edition Suhrkamp, Frankfurt/M., S. 155.
39 Ebenda, S. 157.
40 C. A. Andreae, a.a.O., S. 44.
41 Ebenda, S. 43.
42 Ebenda, S. 45.
43 Karl Marx, Pariser Manuskripte, a.a.O.
44 David Riesman, Wohlstand wofür? Suhrkamp Taschenbuch, Frankfurt/M. 1973, S. 38 f.
45 Vgl. W. F. Haug, Kritik der Warenästhetik, Edition Suhrkamp, Frankfurt/M. 1971; Lutz Holzinger, Der produzierte Mangel, Raith, Starnberg 1973.
46 E. M. Kaetsch, Langfristige Bestimmungsgründe für die Erwerbstätigkeit verheirateter Frauen, Köln und Opladen 1965, S. 63; zitiert nach: Martin Osterland u. a., a.a.O., S. 195.
47 Martin Osterland u. a., a.a.O., S. 195.
48 Bertolt Brecht, Arbeitsjournal, Bd. 1, Suhrkamp, Frankfurt/M. 1973, S. 139.
49 Frank Deppe, a.a.O., S. 188 f.
50 Ebenda, S. 196.
51 F. Deppe und H. Lange, Zur Soziologie des Arbeiter- und Klassenbewußtseins; in: Das Argument 61, a.a.O., S. 714.
52 Henri Lefebvre, Das Alltagsleben in der modernen Welt, Suhrkamp, Frankfurt/M. 1972, S. 49. Aufgrund seines eher phänomenologischen Ansatzes setzt L. seinen Begriff des Alltagslebens nicht operativ ein, wie es in dieser Arbeit versucht wird.
53 Vgl.: Walter Benjamin, Das Kunstwerk im Zeitalter seiner technischen Reproduzierbarkeit; in: ds., Illuminationen, Suhrkamp, Frankfurt/M. 1961, S. 148—184.
54 Henri Lefebvre, a.a.O., S. 46 f.
55 Ebenda, S. 110 f.
56 Ebenda, S. 51.
57 Karl Marx, Deutsche Ideologie, a.a.O., S. 50.
58 H. G. Helms, Die Stadt — Medium der Ausbeutung; in: ds. und Jörn Janssen (hrg.), Kapitalistischer Städtebau, Luchterhand, Neuwied und Berlin 1970, S. 22.
59 Ebenda, S. 16.

60 Ebenda, S. 25.
61 Vgl.: Elisabeth Pfeil, Das Einkaufsverhalten im Hamburger Umland, Hamburg 1968, S. 2.
62 Handelsketten; in: Trend (Wirtschaftsmagazin), Wien 1973, Heft 2, S. 40.
63 H.-J. Zellekens, Die Rolle der Technik im Handel; in: Produktivität und Rationalisierung, Fischer Taschenbuch, Frankfurt/M. 1971, S.283 f.
64 Karl Trescher, Neue Entwicklungen im Handel; in: Ebenda, S. 276.
65 Handelsketten, a.a.O., S. 42.
66 Bundeskammer der gewerblichen Wirtschaft (Hrg.), Jahrbuch der österreichischen Wirtschaft 1969, Wien, Bd. 2, Wien o. J., S. 155.
67 H. P. Bahrdt, Die moderne Großstadt, Wegner, Hamburg 1969, S. 60.
68 Martin Osterland, a.a.O., S. 237.
69 Franz Ronneberger, Kommunikations- und Partizipationsprobleme in der Gemeinde; in: Österreichische Zeitschrift für Politikwissenschaft, Wien 1972, 1. Jg., Heft 4, S. 9.
70 Ebenda.
71 Katrin Zapf u. a., Stadt am Stadtrand, Europäische Verlagsanstalt, Frankfurt/M. 1969, S. 345.
72 Vgl.: G. G. Dietrich, Neue Siedlungen und alte Viertel, Stuttgart 1973, S. 106 f.
73 Katrin Zapf u. a., a.a.O., S. 342.
74 K. D. Vierecke, Nachbarschaft, Köln 1972, S. 69.
75 Ulfert Herlyn, Wohnen im Hochhaus, Stuttgart und Bern 1970.
76 Helmut Klages, Der Nachbarschaftsgedanke und die nachbarschaftliche Wirklichkeit in der Großstadt, Stuttgart 1968, S. 172.
77 Ebenda, S. 170.
78 Katrin Zapf u. a., a.a.O.
79 O. Negt und A. Kluge, Öffentlichkeit und Erfahrung, Edition Suhrkamp, Frankfurt/M. 1972, S. 20.
80 Dieter Prokop, Zum Problem von Produktion und Kommunikation im Bereich der Massenmedien; in: ds. (Hrg.), Massenkommunikationsforschung 1, Fischer Taschenbuch, Frankfurt/M. 1972, S. 11.
81 Bertolt Brecht, Der Rundfunk als Kommunikationsapparat; in: ds., Gesammelte Werke 18, Suhrkamp, Frankfurt/M. 1967, S. 129 f.
82 O. Negt und A. Kluge, a.a.O., S. 200.
83 Vgl.: Friedrich Engels, Der Ursprung der Familie, des Privateigentums und des Staates; in: K. Marx und F. Engels, Ausgewählte Werke, Verlag Progress, Moskau 1971, S. 473—609.
84 Jochen Korfmacher, Zur gegenwärtigen Situation der städtischen Versorgung; in: Hermann Korte (Hrg.), Soziologie der Stadt, München 1972, S. 143.
85 Kurier (Wiener Tageszeitung), 20. 7. 1973, S. 9.
86 Vgl. Anmerkung 1.
87 Vgl. Anmerkung 8.
88 Karl Marx, Das Kapital, Bd. 1, MEW 23, S. 791.

89 F. Fischer und P.-M. Meiners, Proletarische Körperkultur und Gesellschaft, Edition 2000, Gießen 1973, S. 64.
90 Vgl.: Wilhelm Reich, Massenpsychologie des Faschismus, Nachdruck der 2. Auflage Kopenhagen 1934.
91 Karl Marx, Grundrisse der Kritik der politischen Ökonomie, Nachdruck der Erstausgabe Moskau 1939 bis 1941, Europäische Verlagsanstalt, Frankfurt/M. o. J., S. 440.
92 Zitiert nach: G. A. Gradow, Stadt und Lebensweise, VEB Verlag für Bauwesen, Berlin/DDR 1971, S. 48.
93 G. A. Gradow, a.a.O., S. 31.
94 Ebenda, S. 62.
95 Vgl. ebenda, S. 55.
96 Ebenda, S. 53.
97 Ebenda, S. 62.
98 Ebenda, S. 9 f.
99 Rüdiger Thomas, Modell DDR, Reihe Hanser, München 1972, S. 83.
100 Karl Marx, Grundrisse zur Kritik der politischen Ökonomie, a.a.O., S. 584 f.

LITERATUR

C. A. Andreae, Ökonomik der Freizeit, Rowohlts deutsche Enzyklopädie, Reinbek 1970.
H. P. Bahrdt, Die moderne Großstadt, Wegner, Hamburg 1969.
Walter Benjamin, Illuminationen, Suhrkamp, Frankfurt/M. 1961, (bs.: Das Kunstwerk im Zeitalter seiner technischen Reproduzierbarkeit).
Bertolt Brecht, Arbeitsjournal, 2 Bde., Suhrkamp, Frankfurt/M. 1973.
—, Der Rundfunk als Kommunikationsapparat; in: Gesammelte Werke 18, Suhrkamp, Frankfurt/M. 1967.
Frank Deppe, Das Bewußtsein der Arbeiter, Pahl-Rugenstein, Köln 1971.
F. Deppe und H. Lange, Zur Soziologie des Arbeiter- und Klassenbewußtseins; in: Das Argument 61 und 62, Heft 9/10 und 11/12, 1970.
G. G. Dittrich u. a., Neue Siedlungen und alte Viertel, Stuttgart 1973.
F. Fischer und P.-M. Meiners, Proletarische Körperkultur und Gesellschaft, Edition 2000, Gießen 1973.
G. A. Gradow, Stadt und Lebensweise, VEB Verlag für Bauwesen, Berlin/DDR 1971.
W. F. Haug, Kritik der Warenästhetik, Edition Suhrkamp, Frankfurt/M. 71.
H. G. Helms und Jörn Janssen, Kapitalistischer Städtebau, Luchterhand, Neuwied und Berlin 1970.

Ulfert Herlyn, Wohnen im Hochhaus, Stuttgart und Bern 1970.
Lutz Holzinger, Der produzierte Mangel, Raith, Starnberg 1973.
Helmut Klages, Der Nachbarschaftsgedanke und die nachbarschaftliche Wirklichkeit in der Großstadt, Stuttgart 1968[2].
Jochen Korfmacher, Zur gegenwärtigen Situation der städtischen Versorgung; in: Hermann Korte (hrg.), Soziologie der Stadt, München 1972.
Henri Lefebvre, Das Alltagsleben in der modernen Welt, Suhrkamp, Frankfurt/M. 1972.
W. I. Lenin, Was tun?; in: Ausgewählte Werke, Bd. 1, Dietz Verlag, Berlin/DDR 1951.
Wolfgang Littek, Industriearbeit und Gesellschaftsstruktur, Europäische Verlagsanstalt, Frankfurt/M. 1973.
Karl Marx, Deutsche Ideologie, MEW 3.
—, Das Elend der Philosophie, MEW 4.
—, Das Kapital, Bd. 1—3, MEW 23—25.
—, Pariser Manuskripte, Rowohlts Klassiker, Reinbek 1970.
—, Grundrisse zur Kritik der politischen Ökonomie, Europäische Verlagsanstalt, Frankfurt/M. o. J.
O. Negt und A. Kluge, Öffentlichkeit und Erfahrung, Edition Suhrkamp, Frankfurt/M. 1972.
Claus Offe, Strukturprobleme des kapitalistischen Staates, Edition Suhrkamp, Frankfurt/M. 1972.
Martin Osterland u. a., Materialien zur Lebens- und Arbeitssituation der Industriearbeiter in der BRD, Europäische Verlagsanstalt, Frankfurt/M. 1973.
Elisabeth Pfeil, Das Einkaufsverhalten im Hamburger Umland, Hamburg 1968.
Dieter Prokop (hrg.), Massenkommunikationsforschung 1, Fischer Taschenbuch, Frankfurt/M. 1972.
Wilhelm Reich, Massenpsychologie des Faschismus, Nachdruck der 2. Auflage, Kopenhagen 1934.
David Riesman, Wohlstand wofür? Suhrkamp Taschenbuch, Frankfurt/M. 1973.
Franz Ronneberger, Kommunikations- und Partizipationsprobleme in der Gemeinde; in: Österreichische Zeitschrift für Politikwissenschaft, 1. Jg., Heft 4.
Shingo Shibata, Zur Theorie der Informationsrevolution; in: Deutsche Zeitschrift für Philosophie, Berlin/DDR 1972, 20. Jg., Heft 7.
Alfred Sohn-Rethel, Warenform und Denkform, Europäische Verlagsanstalt, Frankfurt/M. 1971.
Rüdiger Thomas, Modell DDR, Reihe Hanser, München 1972.
M. Tjaden-Steinhauer und K. H. Tjaden, Zur Analyse der Sozialstruktur des deutschen Kapitalismus; in: Das Argument 61, Heft 9/10, 1970.
K. D. Vierecke, Nachbarschaft, Köln 1972.
Katrin Zapf u. a., Stadt am Stadtrand, Europäische Verlagsanstalt, Frankfurt/M. 1969.